U0481684

品牌管理思维

三十三讲

王新刚 ◎ 著

企业管理出版社
ENTERPRISE MANAGEMENT PUBLISHING HOUSE

图书在版编目（CIP）数据

品牌管理思维三十三讲 / 王新刚著. --北京：企业管理出版社，2025.2. -- ISBN 978-7-5164-3145-0

Ⅰ．F273.2

中国国家版本馆CIP数据核字第2024AH5341号

书　　名：	品牌管理思维三十三讲
书　　号：	ISBN 978-7-5164-3145-0
作　　者：	王新刚
责任编辑：	徐金凤
出版发行：	企业管理出版社
经　　销：	新华书店
地　　址：	北京市海淀区紫竹院南路17号　　邮　编：100048
网　　址：	http：//www.emph.cn　　电子信箱：emph001@163.com
电　　话：	编辑部（010）68701638　　发行部（010）68414644　68417763
印　　刷：	北京亿友数字印刷有限公司
版　　次：	2025年2月第1版
印　　次：	2025年7月第2次印刷
开　　本：	710mm×1000mm　1/16
印　　张：	15
字　　数：	200千字
定　　价：	68.00元

版权所有　翻印必究　·　印装有误　负责调换

写给读者的话

品牌之道,有无相生。"有"是指有形的产品,"无"是指无形的品牌。有好的产品,不一定有好的品牌;没有好的产品,一定没有好的品牌。把有形的产品做到极致,甚至做成艺术品,业界不少企业家都很有自信。可是对于如何打造无形的品牌,他们却常常束手无策,或者说无从下手。然而,无论从国家政策的导向来看,还是从市场竞争的趋势来看,品牌对企业生存与发展的重要性都是毋庸置疑的。对此,我结合自己二十多年来对品牌管理的研究和实践,著成此书,希望能给读者提供一些帮助,为国家品牌、区域品牌、企业品牌和个人品牌的建设与管理尽绵薄之力。

常有人说,学校里学到的理论知识最多只有20%能用到实践中,甚至更少或根本就没用,原因在哪里呢?首先,"学校"代表一般和普遍,"实践"代表具体和特殊。例如,学校开设市场营销专业,不会开设汽车、快消品、房地产市场营销专业,只能是"通用"的专业,但是大家毕业后所从事却是具体行业的工作。因此,要学会将理论知识"切换"到实践中去。比如,产品整体概念的五个层次,放到旅游行业可以看成"吃住行游购娱";顾客让渡价值对于"奢侈品"而言就不适用。其次,学校的"专业"大多体现"事/知识",并不体现"人/人性"。在学校里,学生学到的更多是专业知识,如资源有效配置、效率优先、收益风险成本等。到了实践中,也就是把这些专业知识应用至复杂的人际关系时就会失灵。因为人性是复杂多样的,这就需要大家不仅要学专业知识,还要洞悉人性。最后,"理论"是简单抽象的，"实践"是复杂多样的。大学毕业实习时，我卖海尔的洗衣机，有位大爷看上一款，却迟迟不做购买决策，我问为什么，他说："小伙子，你去给我拿个卷尺，我量量看能不能放到我家卫生间。"学校教的是以消费者需求为导向，可实践中这个"需求"的复杂多样性超出想象。因此，大家在工作当中，不仅需要专业知识来指导，更需要实践经验的积累。

若无相欠，怎能相见？读书是讲缘分的。对于缘分，我认为可分为三个层次：认识、认可和认同。首先，认识就是我们所说的和所看到的；你认识我，我认识你。其次是认可，就是我觉得你是对的，但并不一定代表我是错的。最后是认同，你是对的，我愿意跟你一起走。相识是缘起，分开是缘尽。对于这本书也是一样，尽管我倾其所有，也只能像盲人摸象一样，摸到品牌管理这只"大象"的一部分而已。其中的内容，各位能认同多少就留个缘分了。如需要交流或支持帮助的读者，请加我的微信：wxglzl1980。

书中所引用的文献、资料和案例等，基本标明了出处，若有疏漏之处，敬请谅解！本书得到国家自然科学基金面上项目资助，项目名称：社交媒体环境下被伤害品牌的自我救赎逻辑研究：群体极化理论视角（72272150）。

王新刚

2024年8月1日 于晓南湖畔

目　录
CONTENTS

第一讲　品牌的由来、定义及内涵：品字的解读 ‖ 001
　　一、品牌的由来和定义 ‖ 002
　　二、品牌的内涵 ‖ 003
　　三、品牌管理：众口一致，众人曰善 ‖ 005

第二讲　品牌分类及来源地效应：杂交产品 ‖ 009
　　一、品牌的分类 ‖ 010
　　二、来源地效应和杂交产品 ‖ 011

第三讲　品牌战略：想做—能做—该做什么 ‖ 015
　　一、战略的重要性和决策方向 ‖ 016
　　二、品牌战略学派及战略的本质 ‖ 017
　　三、品牌战略的制定和选择 ‖ 019

第四讲　品牌创新：大历史观下的演变逻辑 ‖ 021
　　一、颠覆式创新的出现和思考 ‖ 022
　　二、渐进式创新、破坏性创新和颠覆式创新间的内在演化逻辑 ‖ 025
　　三、影响颠覆式创新出现的关键因素 ‖ 026

第五讲　品牌定位的概念及步骤：从娃娃抓起 ‖ 031

一、品牌定位的由来和概念 ‖ 032

二、品牌定位的原因 ‖ 034

三、品牌定位的步骤 ‖ 035

第六讲　品牌摆架子：高不可攀还想攀 ‖ 039

一、品牌摆架子的定义 ‖ 040

二、人际摆架子与品牌摆架子对比分析 ‖ 041

三、品牌价值定位及消费者群体分析 ‖ 042

第七讲　品牌命名概述：名不正，则言不顺 ‖ 047

一、品牌命名的作用和原则 ‖ 048

二、品牌命名的方法 ‖ 050

三、不同语言品牌命名的侧重及未来研究方向 ‖ 052

第八讲　汉语品牌命名 ‖ 053

一、汉语品牌命名的一般特征和法则 ‖ 054

二、老字号品牌命名的特征和法则 ‖ 055

三、仿洋品牌和仿古品牌命名的原因和机制 ‖ 057

第九讲　英语品牌命名 ‖ 059

一、英语品牌命名的研究背景 ‖ 060

二、世界最有价值品牌名称分析 ‖ 061

三、世界最有价值品牌英文和中文命名模式 ‖ 063

第十讲　品牌标识概述：李宁和农夫山泉 ‖ 065

一、李宁换标分析 ‖ 066

二、农夫山泉换标分析 ‖ 067

三、品牌标识构成要素 ‖ 069

目 录

第十一讲　老字号和假洋品牌命名分析 ‖ 071
　　一、老字号品牌标识设计分析 ‖ 072
　　二、假洋品牌标识设计分析 ‖ 075

第十二讲　品牌标识的凸显和不完整 ‖ 077
　　一、品牌LOGO凸显的购买动机 ‖ 078
　　二、品牌LOGO凸显与不同消费者群体间的关系 ‖ 079
　　三、消费者对品牌标识完整与否感知的逻辑分析 ‖ 080

第十三讲　品牌个性的维度：一个人就是一个品牌的精气神 ‖ 083
　　一、西方文化背景下的品牌个性维度 ‖ 084
　　二、中国文化背景下的品牌个性维度 ‖ 086
　　三、品牌个性的来源和塑造 ‖ 088

第十四讲　品牌形象构成要素：德才兼备 ‖ 091
　　一、品牌形象的定义 ‖ 092
　　二、品牌形象的构成要素 ‖ 093
　　三、记忆联想网络及品牌形象概括 ‖ 095

第十五讲　品牌形象的塑造：门店内外做好人和做好事 ‖ 097
　　一、四大名著对品牌形象塑造的启发 ‖ 098
　　二、企业家言行对品牌形象塑造的影响 ‖ 099
　　三、门店内外做好人好事 ‖ 101

第十六讲　品牌资产：支付宝、腾讯和中惠集团 ‖ 103
　　一、支付宝商业模式分析 ‖ 104
　　二、腾讯商业模式分析 ‖ 105
　　三、中惠集团商业模式分析 ‖ 107

第十七讲　品牌故事：江湖上有哥的传说 ‖ 109

　　一、芭比娃娃品牌故事分析 ‖ 111

　　二、狗不理包子品牌故事分析 ‖ 112

　　三、海尔冰箱品牌故事分析 ‖ 113

　　四、《战狼2》品牌故事分析 ‖ 114

第十八讲　品牌传播体系：向谁说—说什么—怎么说 ‖ 115

　　一、品牌传播的目标 ‖ 116

　　二、品牌传播方式的变化 ‖ 116

　　三、品牌传播体系 ‖ 117

第十九讲　品牌调侃：四两拨千斤还是竹篮打水一场空 ‖ 121

　　一、品牌调侃的定义及营销实践 ‖ 122

　　二、品牌调侃的土壤：各种新媒体的蓬勃发展 ‖ 124

　　三、品牌调侃的特征：时机、形式和内容 ‖ 125

第二十讲　品牌危机概述：小明迟到了 ‖ 129

　　一、品牌危机的分类 ‖ 130

　　二、归因理论的三个方面 ‖ 131

　　三、品牌危机应对原则 ‖ 132

第二十一讲　品牌丑闻溢出效应：天—地—人框架分析 ‖ 137

　　一、品牌丑闻和溢出效应 ‖ 138

　　二、营销实践中品牌丑闻跨国非对称溢出效应 ‖ 139

　　三、天—地—人框架视角下的溢出效应分析 ‖ 140

第二十二讲　品牌危机应对：舍得行为分析 ‖ 143

　　一、营销实践中品牌危机大舍和小舍应对 ‖ 144

　　二、大舍的两个前提条件 ‖ 145

目 录

三、舍得的实践启示和应用 ‖ 146

第二十三讲　品牌延伸：一家旅游企业的尴尬 ‖ 151
一、旅游行业的特殊性 ‖ 152
二、旅游整体产品分析 ‖ 153
三、品牌延伸之后怎么办 ‖ 156

第二十四讲　品牌系统概述：多子就会多福吗 ‖ 157
一、品牌系统的定义及分类 ‖ 158
二、品牌系统的结构及价值基础 ‖ 160
三、品牌系统的三个策略 ‖ 162

第二十五讲　品牌系统策略：好地长出好作物 ‖ 163
一、国家品牌系统 164
二、区域品牌系统 ‖ 165
三、企业品牌系统 ‖ 166

第二十六讲　品牌关系的形成：缘分的解读 ‖ 169
一、品牌关系的研究及分类 ‖ 170
二、品牌关系中的缘分和信任 ‖ 171
三、品牌关系的阶段和关系规范 ‖ 173

第二十七讲　品牌关系的管理：谈钱伤感情 ‖ 175
一、差序格局的分析 ‖ 176
二、人际关系的分类 ‖ 179
三、中国式人际关系要点 ‖ 180

第二十八讲　品牌场景的选择与设计 ‖ 183
一、品牌的场景选择 ‖ 185

二、品牌的场景设计 ‖ 190

第二十九讲　品牌社群：如何激活"不活跃的人" ‖ 195
一、品牌社群结构模型和现状 ‖ 196
二、品牌社群的构成及问题 ‖ 197
三、如何激活"不活跃的人" ‖ 198

第三十讲　品牌国际化：喝茶还是喝咖啡 ‖ 201
一、独立行走之由难到易 ‖ 202
二、独立行走之由易到难 ‖ 204
三、与狼共舞的模式 ‖ 204

第三十一讲　平台品牌和移动终端 ‖ 207
一、平台品牌形成的演变逻辑 ‖ 208
二、生态平台品牌与基业长青 ‖ 210
三、消费终端交易载体的演变 ‖ 211

第三十二讲　品牌道德己化：天人合一的解读 ‖ 213
一、影响品牌社会责任的因素 ‖ 214
二、财富与品牌道德间的关系 ‖ 216
三、品牌道德己化发展观 ‖ 217

第三十三讲　品牌精神：诸葛亮和司马懿谁更厉害 ‖ 221
一、品牌生命和吸引力的组合分类 ‖ 222
二、诸葛亮和司马懿的比较 ‖ 223
三、江南三大名楼的比较 ‖ 226

参考文献 ‖ 228

第一讲

品牌的由来、定义及内涵：品字的解读

| 品牌管理思维三十三讲

　　各位读者，大家好！这一讲的主题是品牌的由来、定义及内涵。在开讲之前，我想首先举例说明一下品牌的力量。比如，在某个商圈有很多门店。仔细观察，你可能会发现有很多品牌，其中，有知名的，也有不知名的。在产品甚至是服务都接近同质化的情况下，消费者如何做出选择呢？显然，品牌起到关键的影响和作用。拿可口可乐来说，自1886年诞生以来，近140年的长期发展，其品牌广泛传播，进入21世纪后，有网络数据显示全球平均每天都会有17亿人次的消费者在畅饮可口可乐公司的产品，大约每秒钟售出19400瓶饮料。连可口可乐公司曾经的总裁伍德拉夫都说，如果可口可乐公司在全球所有的工厂一夜之间化为灰烬，但凭借可口可乐这块牌子，它在第二天就能重新站起来。因为可口可乐这块牌子放在世界任何一家公司的头上，都会给它带来滚滚财源。可见，这是什么概念，是多么的自信，品牌的力量该有多大啊！所以，我们要重视品牌。

一、品牌的由来和定义

　　那么，品牌是怎么来的呢？英文中"brand"最初指的是烙印的含义，意思是用烧红的烙铁给牲畜身上打上记号。这个记号是烙给买的人看的，同时用以区分不同部落之间的财产。所以，我们推断品牌最初的含义，一个是区分产品，一个是通过特定的标识在别人心中留下烙印。后来，经过逐渐演化，品牌对买方而言成了质量的保障；对卖方而言提供了法律的保护，就是我们现在所说的商标。所以，在《牛津大辞典》中，品牌被解释为"用来证明所有权，作为质量的标志或其他用途"，简而言之，就是用以区别和证明品质。现代意义的品牌，已经演变成消费者对产品或服务的

第一讲 品牌的由来、定义及内涵：品字的解读

全部体验。它不仅包括物质的体验，也包括精神的体验。它不仅向消费者传递一种生活方式，而且也可能是一种价值观取向。

在了解了品牌由来后，我们该怎么给品牌下定义呢？代表性的几个概念，比如，奥美的创始人奥格威认为品牌是一种错综复杂的象征，它是产品属性、名称、包装、价格、历史、声誉、广告等方式的无形总和。在《建立强势品牌》一书中，大卫·阿克认为品牌是一个精神的盒子，并从资产方面给出了定义：即与品牌名称和标志联系在一起的一套资产或负债，它们可以提高也可能降低产品或服务的价值。较为普遍接受的品牌的定义是美国市场营销协会给出的。他们认为，品牌是一种名称、术语、标记、符号或设计，或是它们的组合应用，其目的是借以辨认某个销售者或某群销售者的产品或服务，并使之与竞争对手的产品或服务区分开来。其实，说来说去就是两点：一个是识别自己，另一个是区别于他人，如图1-1所示。

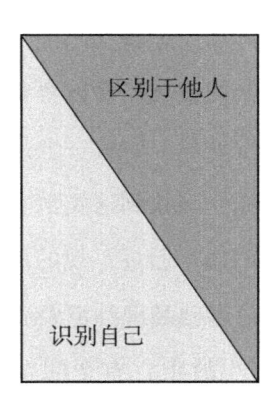

图1-1 品牌定义的归纳

二、品牌的内涵

大家可以试想一下，如果市场上卖方和买方都没有品牌或名称，那将

是一种什么局面？结果会发生严重的信息不对称。所以，从这一点来看，品牌释放的是一个信号，正是因为这个信号，让卖家和买家才能相互找到彼此。这是从外部来看品牌的功能和作用，从内部来看品牌有什么内涵呢？它又代表着什么呢？

  品牌的内涵主要包括六个方面：第一是品牌个性，第二是品牌价值，第三是品牌属性，第四是品牌利益，第五是品牌文化，第六是品牌使用者。以奔驰轿车为例，品牌个性主要讲的是人，说的是品牌的个性，实际上品牌背后还是人的个性，所以更多的是受奔驰高层管理者个性的影响。品牌价值和属性主要是产品层面上的内容，前者是一个抽象的概括，比如安全、高性能或高声誉；后者是一个比较具体的表达，比如奔驰车昂贵、制作精良、技术精湛、耐用等。至于品牌利益主要是从消费者的立场来讲的，就是品牌能够给消费者带来什么样的利益，比如开奔驰车会受人尊重、非常安全、无须频繁换新车等。品牌文化是从奔驰这个企业或组织的角度来讲的，品牌所代表的文化，更多反映的是企业内部的文化，而企业文化更多的是扎根于某个国家的文化，所以奔驰轿车的品牌文化更多体现的是有组织性、讲效率、讲质量等。最后一个是品牌使用者，什么样的人会购买和使用奔驰品牌轿车呢？当找到这类消费群体，并加以归纳提炼总结后就是这个群体的标签。例如，通过正规的调查后，发现是一群资深的高管人员。那么，这类人就是奔驰品牌的消费者。

  关于这一点，我想讲个小故事，有个朋友很喜欢穿POLO品牌的衣服，只要逛商场，不仅自己买，而且还不遗余力地向身边的人推荐POLO这个品牌。后来，突然有一天，他告诉我，他不再买POLO的衣服了。我就问：为什么？他说："你看满大街的人都在穿POLO的衣服，我还穿什么POLO，我现在该穿TOMMY的。"我想请问大家这是个什么心理？是什么因素使这位朋友从POLO品牌转换到了TOMMY这个品牌？对品牌来说该怎么解决？

三、品牌管理：众口一致，众人曰善

讲到这里，相信大家对品牌是什么已经有了一定的了解。接下来，我想从字面上讲一讲什么是品牌，确切地说是品牌管理，如图1-2所示。首先，我们来看"品"字的构成，它由三个"口"组成，在甲骨文中，"口"代表着器物的形状，三个"口"表示器物众多。《说文解字》中记载，"品，众庶也，从三口"，意思是众多，后引申为品种、等级，再引申为品评、品质和品德等。"品"字由三个"口"组成，蕴含了朴素的哲学观，谈论一个品牌成功与否，是否有"品"，不是一人之口，而是众人之口。这里所说的众人之口，包括企业自身之口、用户体验之口、市场第三方之口。

图1-2　品牌管理的解读

首先是企业自身之口，主要指企业自身向市场所做的宣传和传递等行为活动。在供不应求时，我们可以说"酒香不怕巷子深"，但在供大于求时，我们要说"酒香也怕巷子深"。所以，在供大于求的背景下，自我宣传是非常有必要的。其次是用户体验之口。这个非常重要，俗话说"金杯银杯不如口碑"，因为消费者始终会认为他们跟其他消费者是自己人，而企业作为卖方是外人，所以一般来讲都会更相信其他消费者的口碑评价。最后是第三方之口，主要指权威机构、媒体、非营利性组织、竞争对手等市场的第三方对某一品牌的评价（如权威机构测评、品牌排名等）。这个可能会取决于第三方在消费者心目中的可信度有多高，可信度越高，消费者越信。

综合来讲，成功的品牌管理是"众口一致，众人曰善"。管理一个品牌，众人曰善是目的，众口一致是过程和手段。如果说上面提到的三方主体向市场传递的品牌信息不一致，那么品牌的形象就会不清晰，这样做下去很难成功。相反，如果三方主体向市场传递的品牌信息都是一致的，那么品牌形象就会越来越清晰，这样做下去才有成功的可能。有次我在一企业上课，讲到这个知识点的时候，我拿一位叫李栋的同事举例，有人说李栋足球踢得好，有人说李栋数学学得挺好，还有人说李栋长得帅。结果呢？李栋的形象并不清晰，因为传播的资源和注意力分散了。相反，当所有人都说李栋足球踢得好的时候，那么他的形象就集中于一点，而且众口一致。这个时候，李栋的足球踢得不好也好了。所以，后来有次在食堂吃饭的时候，他就跟我说，自从上次培训时拿他举例后，他经常接到电话有人约他去踢足球。由此可见，效果是非常显著的，也就是说这招是有效的。在此基础上，如果能在一个点上不断强化，建立长期的固定印象，给消费者留下深刻的印象，那就更好了。

最后，我想对这一讲的内容做个小结。这一讲主要讲了三点。第一是品牌的由来和定义。第二是品牌的内涵。其中，比较重要的是品牌释放了信号，用于识别自己，区别于他人，代表着质量、个性、文化、属性、使

第一讲 品牌的由来、定义及内涵：品字的解读

用者等一些内涵。第三是品牌管理。品牌管理就是众口一致，众人曰善。但在这里我想提醒大家需要注意的是，任何时候做品牌的基础都是优异的产品质量和服务，这是根本，也是品牌成功的充分条件；至于营销宣传的策略等其他因素并不是根本，是必要条件但不是充分条件。

第二讲

品牌分类及来源地效应：杂交产品

各位读者，大家好，这一讲的主题是品牌分类及来源地效应。品牌的分类是基础知识，分类的依据大致有以下几个方面。

一、品牌的分类

首先，根据品牌的主体来划分，可以分为个人品牌、产品品牌、企业品牌、城市品牌和国家品牌。第一，个人品牌，品牌的主体是人，可能是个体，也可能是团体。个体如各类影星、歌星、足球明星、NBA篮球明星等；团体如一些知名的乐队，美国NBA球队或欧洲足球俱乐部等。第二，产品品牌，品牌的主体是产品，如海飞丝洗发水、农夫山泉矿泉水等。第三，企业品牌，品牌的主体是企业，如宝洁、可口可乐、华为、联想、海尔等。产品品牌和企业品牌有时可能是同一个品牌，如格力这个企业，其空调是产品，企业是格力集团。也有不是同一个品牌的情况，如宝洁公司旗下的海飞丝、潘婷等，与企业宝洁的名字不同。第四，城市品牌，品牌的主体是城市，如纽约、北京、上海等，当然，现在大家可以看到有很多省份在电视台做自己的广告宣传片，其实都是为了提高自己省份的知名度和美誉度。第五，国家品牌，品牌的主体是国家。多年前，我们就拍摄了中国国家形象宣传片，在全世界范围内，只要有合适的机会和地点，我们就宣传中国国家形象，同样也是为了提高我们国家在世界上的知名度和美誉度。其中，值得注意的是，一个国家品牌的塑造，其本质就是提高这个国家作为一个平台的实力，这样从平台产生的企业在国际化的进程中，就相对容易被其他国家的消费者接受。一般而言，从好学校或好专业毕业的学生是不是要比差一点的学校或专业毕业的学生，相对容易找到好工作呢？道理是显然的。因此，在国际上，国家形象的提升有利于民族品牌的国际化。

其次，根据供产销的链条来划分，可分为供应商品牌、制造商品牌和零售商品牌。第一，供应商品牌，例如，肯德基和麦当劳的供货商福喜公司，福喜就是供应商品牌。当然，这样的品牌属于后台，前台的消费者一般不会知道。第二，制造商或者说是生产商品牌，如海尔、宝洁、可口可乐等这些品牌，通过生产提供产品或服务的一些企业。第三，零售商品牌，如沃尔玛、家乐福、国美和苏宁等品牌，它们提供卖场，把卖方和买方吸引到它们的商场进行交易。类似的，在虚拟网络中，我们通常称它们为平台品牌，如天猫、亚马逊、京东等，它们同样也是把卖方和买方吸引到一个地方进行交易，而这个地方与实体商场不同的是，它存在于网络世界。

最后，根据品牌辐射的区域来划分，可以将品牌分为地区品牌、国内品牌和国际品牌。也就是说，根据一个企业的发展，在不同的阶段，这个企业可能在某个城市或某个省份具有较高的知名度和美誉度，被这个市场的顾客信任，给顾客形成品质纯正、质量上乘的印象。而后随着发展，这个企业也许开始在全国范围内知名，最后，这个企业也许能够成为国际市场上的知名品牌。当然，也有一种相反的可能，这个企业固守某个城市或某个省份，不愿进一步发展，这也是有可能的。它取决于每个企业一把手的能力和他们所拥有的资源，以及他们的战略意图。另外，就是从地区到全国，再到国际市场，每个企业并非都是按照线性的逻辑去发展，有可能从地区跳过全国直接到国际市场去了。

二、来源地效应和杂交产品

品牌的来源地，通俗讲就是品牌的出生地或注册地。品牌来自哪里？

会不会影响消费者的购买决策呢？大家想想，你们在购买产品的时候，会不会看产品的品牌来自哪个国家，或者哪个地区呢？在我们购买产品的时候，首先看重的还是价格和质量，或者性价比，当产品在性价比方面比较接近时，或者有的时候你没有办法去判别产品质量时，那么，产品或品牌来自哪里，这个信息线索就会影响我们的购买决策，这称为来源地效应。随着企业全球化的推进，资源也开始全球化配置，也就是说一个企业的品牌可能来自美国，生产可能在中国，原材料可能来自巴西，组装可能在越南，销售可能在欧洲。这样的产品我们称为杂交产品（见图2-1）。杂交产品使来源地的概念变得复杂化。但是，因为品牌在国际化的进程中，其影响力不断增强，所以品牌来源地对消费者评价和购买决策的影响，要大于产品制造和组装等其他来源地效应。

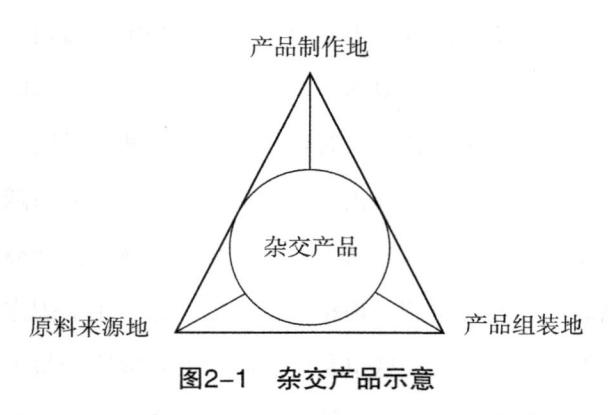

图2-1 杂交产品示意

讲到这里，我要给大家举几个关于品牌来源地的例子。其实来源地效应是一种刻板印象。例如，从国家层面来讲，德国的汽车、日本的电子产品、中国的高铁，在人们心目中都会认为是好的；从区域层面来讲，武汉热干面、云南普洱、山西老陈醋、云南米线，在人们心目中也会认为是好的；如果你起个名叫云南热干面、武汉普洱，估计市场上不会有多少消

第二讲 品牌分类及来源地效应：杂交产品

费者买账。所以说，不同的行业，这种来源地效应所落脚的国家或地区是不一样的。在此基础上，有不少学者通过研究发现，消费者对来自发达国家品牌的评价要整体高于来自发展中国家品牌的评价。这个和我前面提到过好学校和好专业的学生整体上要比差一点的学校和专业的学生好找工作的逻辑是一样的。因此，有的企业为了能够让自己的产品好卖，就会利用这种效应。例如，假洋品牌的出现，这些品牌的注册地、制造地等各方面都在中国，在品牌宣传时却常常以来自发达国家的品牌形象进行传递，让消费者以为是来自发达国家的品牌。同时我们也看到，一些来自发达国家的品牌在进入中国市场的时候，起个中国名，在品牌宣传时，彻底的中国风，又是为了什么呢？一方面部分本土品牌一心想塑造自己是洋品牌的形象，目的是让消费者觉得自己的产品质量好，比较国际化，这叫本土品牌外国化，或者说洋化策略。而另一方面部分洋品牌却一心想塑造自己是本土化品牌的形象，目的是让消费者觉得这个品牌是自己国家的，从心理上更容易接受，并建立情感连接，这叫外国品牌本土化，或者说入乡随俗策略。这些操作是基于消费者对来源地识别存在一定的困惑。有人做过实验，从各行各业，选取了一些品牌，让消费者说出这些品牌的来源地或来源国，结果正确率非常低。

现在的产品不少都是杂交的，这一点我们前面提到过，就是当品牌、生产、组装等来源地不一致时，又会对消费者的购买决策产生怎样的影响呢？例如，一部手机品牌来源国是美国，一种情况是生产制造在美国，另一种情况是生产制造在东南亚或者是非洲一些发展中国家。如今都在中国市场销售，你会买哪一个呢？大多数人可能都会选择美国制造的这种品牌。那大家要想想为什么呢？通过访谈、讨论和观察发现，原来品牌来自发达国家，生产制造来自发展中国家，这种不一致降低了产品的真实性感知，通俗讲就是这个产品不正宗，不是正版的。接下来，我们可以进一步思考，真实性的降低或者说不正宗就会降低消费者对产品的购买意愿吗？如果是，那么山寨产品的出现又该作何解释呢？也就是说影响消费者购买决策的因素有很多，如来源地、正宗性、性价比等，只是对每个消费者来说，这些因素影响的权重有差异罢了。例如，当消费者更看重性价比，而不是正宗性或来源地的时候，也许就可以解释山寨产品的问题了。

最后，我想对这一讲的内容做个小结。这一讲主要讲了两点。一是品牌的分类。有按主体分的，有按供产销分的，有按辐射区域分的，也有按来源地或来源国分的。二是品牌来源地效应和杂交产品。其中提到一些概念，如杂交产品、品牌来源地困惑、假洋品牌、真实性、山寨产品等。这些内容都很有趣，也值得深思。希望大家能够进行扩展阅读。

第三讲

品牌战略：想做—能做—该做什么

| 品牌管理思维三十三讲

各位读者，大家好，这一讲的主题是品牌战略。说到战略，我们不能不提到《孙子兵法》，而说到战术，我们不能不提《三十六计》。当然，这些都是我们古人优秀智慧的结晶。今天我们不讨论《孙子兵法》，也不讨论《三十六计》，但大家应认真阅读这两本书，并结合品牌的经营管理加以应用。社会上有不少人说过一些深刻的话，其逻辑基本可以归结为战略和战术两个方面。例如，做正确的事重要还是正确地做事重要？显然，做正确的事是方向问题，属于战略；正确地做事是具体问题，属于战术。还有人经常会问这样的问题："王老师，您觉得选择重要还是努力重要？"

一、战略的重要性和决策方向

对于选择重要还是努力重要的问题，我没有直接回答而是举了一个例子，一个人骑自行车需要两条腿，骑摩托车、开小汽车，甚至是开飞机，都需要两条腿，但平台不一样，两条腿使出的力气也不一样，最后的速度差别非常大。大家立刻就明白了其中的寓意。也有人说，战术的勤奋不能掩盖战略的失误。我发现，企业很大一部分成本，不在原材料，也不在浪费，而在战略和战术决策的失误，尤其战略决策的失误是致命的。比如，对个人而言，你在高考填报志愿的时候，可以选择很多专业，由于对专业的不了解，或者是对专业未来就业趋势判断失误，结果等到毕业后择业的时候，找不到理想的工作，造成巨大的压力和成本。对企业而言，如果在一个高端的商圈选址开店，却发现好几年时间里这个商圈的人流量都非常低，结果每个月承担着巨额的租金、人力等成本。这些都是方向性的决策失误。

如何把握正确的品牌战略方向呢？有一本书叫《长短经》，序言中写道：要深刻理解大势所趋，民心所向这句话，如图3-1所示。这里我理解的大势主要指宏观环境，如政治、经济、科技、文化等方面；民心主要指外部消费者和内部员工需求的变化。战略其实是企业内部组织结构与外部环境的匹配。关于战略，各种文献著作汗牛充栋，观点纷繁林立，在此推荐三本代表性著作：一本是亨利·明茨伯格等的《战略历程》，一本是阿尔弗雷德·钱德勒的《战略和结构》，还有一本是周三多、邹统钎的《战略管理思想史》。另外，关于战略分析的各种工具也非常多，如PEST分析，主要指政治、经济、社会、科技四个方面，还有SWOT分析，包括外部的威胁和机会，内部的优势和劣势。

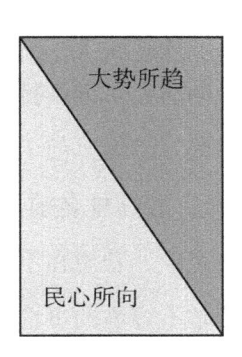

图3-1　品牌战略的方向

二、品牌战略学派及战略的本质

关于品牌战略，从发展史来看，大致可以归纳为四个学派：战略规划学派、权变学派、产业结构学派和资源基础与核心能力学派。战略规划学派主张战略是可以规划的，权变学派认为计划赶不上变化，这两派争论的焦点在于所处的外部环境不同。战略规划学派认为战略是可以规划的，前提是外部环境相对稳定；而权变学派认为计划赶不上变化，前提是外部环境极不稳定。例如，对个人而言，当你在大学里学习时，你的外部环境是相对稳定的，除了上课，时间基本可控，规划也基本可控。当你参加工作以后，时间基本不可控，晋升加薪都是别人说了算时，有不少事情就不会按照自己的规划发展。对企业而言，如果处在战乱或者是剧烈变革的年代，战略难以规划，但如果处在和平发展时期，战略相对容易规划。对于产业结构学派，主要认为品牌在开展业务选择时，应该选择利润率高的行业进入，一个企业的绩效很大程度上取决于你选择的行业，以及进入这个行业的时机。

讲到这里，我想给大家提个问题：企业如何才能做到基业长青，品牌战略的本质是什么？我认为是要不断地获取持续的竞争优势。这个问题怎么理解呢？我在课堂上，多次问这样一个问题。小学在班上排前十名的请举手？唰，十几个；再问初中的时候，继续排前十名的请举手？唰，放下好几个；再次提问，高中的时候，继续排前十名的请举手？一眼看过去，屈指可数；最后，在大学期间，继续排名前十的请举手？一两个或者没有。由此可见，一个人或一个企业，若想在不同的时间和空间内，始终保持自己的竞争优势，是一件非常不容易的事情。那么，持续竞争优势的来源是什么呢？这就是我要讲的最后一个学派：资源与核心能力学派。我想问各位的是，你们家后院有没有煤矿、金矿、天然气、石油等资源？你有没有打篮球、踢足球、打排球等的身体条件？这些都是资源。如果没有，那就只能靠能力、拼能力了，所以大家要好好学习。

接下来，我想问的是：什么样的资源和能力可以产生竞争优势呢？评价的标准是什么呢？第一，不可替代；第二，不可模仿；第三，稀缺的；第四，有价值的。比如，某个NBA球星，身高2米多，又强壮，不仅身体灵活，头脑也好使，技术全面。是不是符合这四个标准呢？当然，这位球星在队里是不可替代的，不能模仿的，也是稀缺的，更是有价值的。但有个问题是随着时间和空间的变化，他是否能够持续保持这种竞争的优势呢？比如，到了40岁或50岁，是否还能保持当年20多岁那种状态呢？显然，难以保持。这个逻辑对品牌来说是一样的，大家可以思考，创业期的竞争优势，在品牌成长或成熟期时，是不是还存在？因为时间、空间和企业一把手都是会变化的。

三、品牌战略的制定和选择

在制定品牌战略的时候，请大家思考品牌战略三问（见图3-2）：第一，你想做什么？第二，你能做什么？第三，你该做什么？请在纸上对每个问题进行回答，每个回答不超过三件事，最后，大家再看一下三个问题下所列的事项，前后是否具有逻辑上的一致性。这三个问题体现了由远及近的关系，是从理想到现实的关系。简单来说，就是"千里之行始于足下"。值得注意的是，我们的思维不应受我们所拥有的资源限制而束缚发展，应该仔细去体会这样一句话：你所拥有的是你的，它也不是你的；你不拥有的，它不是你的，却也是你的。如此，我们的品牌战略才有可能实现超常规发展。

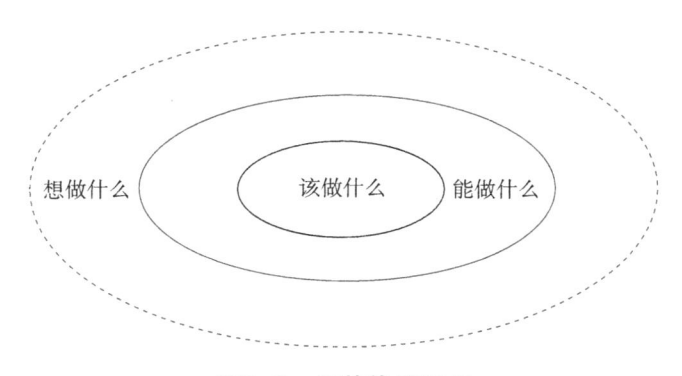

图3-2 品牌战略三问

在这三个问题的指导下，再具体一些就是两个方向：即专一化和多元化选择的问题。社会上有不少企业选择专一化，也有不少企业选择多元化，这取决于企业一把手或者说高层管理团队。专一化指的是长期专注于一个行业或者做一件事情。多元化指的是涉足多个行业或者做很多事情。通俗来讲，就是鸡蛋是放在一个篮子里还是放在不同篮子里，各有利弊。专一化其实就是复杂的事情简单做，简单的事情重复做，重复的事情用心做。举例来说，有不少企业是这样的，几代人坚持做一件事情，从事一个行业。一个重要的指标就是，如果你去看这类企业高管团队平均从事这个行业的年限，一般都会超过15年，甚至是20年。这样有利于传承和创新。但也有风险，如果遇到颠覆性的创新就不好了。就像有了电灯，蜡烛就很少有人买了。再来看多元化，多元化可以分散风险，而且可以适时地选择进入高利润的行业，进行阶段性的战略转换，以持续不断地获取新的利润。但多元化也有个度，就是对业务进行评估，在行业排名靠前的保留，其他砍掉，因为一个企业的资源和精力毕竟是有限的，这称为多元背景下的专注。专一化和多元化，你该怎么选择呢？

最后，我想对这一讲的内容做个小结。这一讲主要内容如下。一个本质就是获取持续的竞争优势；两个方向就是专一化和多元化；三个问题就是你想做什么、能做什么、该做什么；四个流派就是战略规划学派、权变学派、产业结构学派、资源与核心能力学派。最后再问大家几个问题：你认为是植物寿命的平均年限长，还是动物寿命的平均年限长？为什么？品牌战略从中受到什么启发？请大家思考。

第四讲

品牌创新：大历史观下的演变逻辑

各位读者,大家好,这一讲的主题是从大历史观的角度看待品牌创新的演变逻辑,其中的创新主要是指产品创新,而产品是品牌的有形载体。因此,也可视为是品牌创新。在人类社会发展进程中,创新在各个领域都起着非常重要的推动作用。对一个国家和民族而言,创新是其前行的不竭动力和源泉,创新的能力决定了它在世界格局中的位置和命运。因此,在各国不同时期的国策中,有关创新的思想和政策不胜枚举。党的十八大以来,习近平总书记把创新摆在国家发展全局的核心位置,中央文献出版社出版了《习近平关于科技创新论述摘编》一书,对以科技为核心的全面创新,提出了一系列新思想、新论断、新要求。

一、颠覆式创新的出现和思考

无论是学界还是业界,大家都如火如荼地开展着不同形式的理论创新研究和创新应用尝试。创新的行为出现在很多领域,如政治、医疗、教育、文化、商业等,而且还划分了许多类型,比如在商业领域,有人提出渐进式创新、持续性创新、激进式创新、破坏性创新、颠覆式创新等概念。其中,哈佛大学商学院教授克莱顿·克里斯坦森在其出版的《创新者的窘境》一书中,首次提出的颠覆式创新(Disruptive Innovation)备受青睐,引起人们的广泛关注。其主要思想是新创企业通过颠覆式创新模式,以后发姿态打败在位的领先企业,并在市场上获取竞争优势。

对此,学界开始围绕颠覆式创新展开研究,比如,有人从不同视角阐述了颠覆式创新的定义和内涵,有人分析了颠覆式创新的主要特征和识别模式,也有人从企业内外环境讨论了影响颠覆式创新的因素,还有人从资

第四讲　品牌创新：大历史观下的演变逻辑

源、能力、价值网络等视角研究了颠覆式创新的实现路径等。与此同时，在业界，3D打印、人工智能、区块链、无人驾驶、人脸识别、基因测序、脑科学等方面科技的发展，也不时传出令人震撼的成就，不断地颠覆或刷新着人们对传统领域的认知，顿时让人有一种日新月异、应接不暇的感觉，犹如春秋战国时代的百花齐放和百家争鸣。

然而，面对理论和实践的蓬勃发展，有几个基本问题亟待进一步探讨。第一，究竟什么是渐进式、破坏性和颠覆式创新？它们之间有何区别？第二，渐进式、破坏性和颠覆式创新之间有没有内在的、本质上的演化逻辑？第三，影响创新或者颠覆式创新实现的关键因素有哪些？要想回答这几个问题，人们需要跳出本位主义和商业逻辑，从大历史观的角度去认识人类发展过程中的重大创新，看看能给我们什么样的启示。什么是大历史观呢？通俗来讲，就是古今中外加哲学思辨。为什么要用大历史观呢？因为历史就像人一样，有记忆也有遗忘，历史中的很多人和事终将被抽象掉，能留下来的创新必然对人类有重要影响。

首先从渐进式创新、破坏性创新和颠覆式创新说起，英文表达"Disruptive Innovation"究竟该翻译成破坏式创新还是颠覆式创新，这是英语语系和汉语语系及其背书文化间的转换问题。也有人认为与破坏性创新相比，颠覆式创新对传统的破坏程度更为严重。但如果把三者放到一起分析，它们之间又有何本质的区别呢？分析的根本在于两个维度（见图4-1）：创新持续的时间和创新改进的程度，也就是说与前面的创新行为相比，后面的创新究竟发生了什么变化。打个比喻，就像烧开水一样，在沸腾之前，水温不断提高，可视为渐进式创新；而水沸腾的时候，可视为破坏性创新；变成水蒸气以后，可视为颠覆式创新。在前两个阶段水都是液态，属于量变，而最后一个阶段水变成了气态，才是质变；其中，破坏性创新介于渐进式创新和颠覆式创新之间，因为这种创新行为破坏的是"性"，它是量变到质变转换的临界状态，同时兼有解构和建构的特征。值得注意的是，无论水的形态如何变化，水的本质并没有发生变化，它依然还是水（H_2O）。

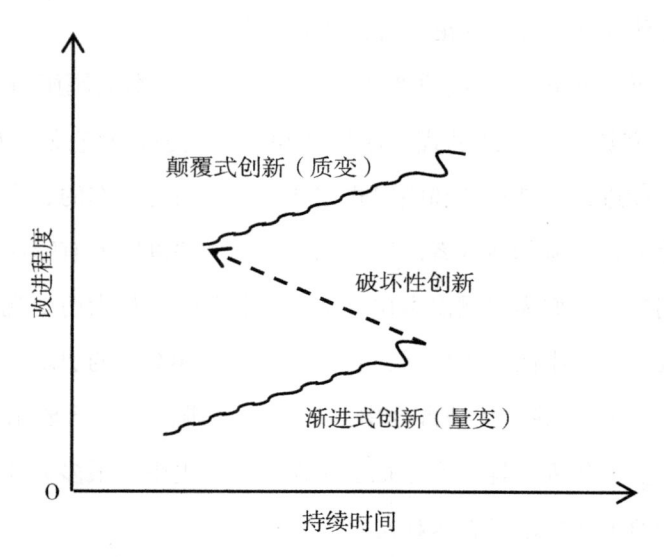

图4-1 渐进式创新、破坏性创新和颠覆式创新之间的关系

事实上，渐进式创新、破坏性创新和颠覆式创新应该是相对的概念，它们的界定主要取决于时间的长短和创新本质的变化。在时间维度上，可以是三分法，就像上面烧开水的例子，创新是一种连续性的变化；也可以是二分法，只有渐进式和颠覆式两种，创新是一种跳跃性的变化。三分法和二分法有点类似于神秀的渐悟和六祖惠能的顿悟。以人类历史上文字记录为例做分析，从早期的骨头，到后来的竹简，再到印刷的纸张，直至今天的电子文档。相对于前一种文字记录方式，后面的记录方式都可以看成是颠覆式创新。因为骨头、竹简、纸张和电子文档均是以不同的形态存在，在物理属性上有本质的区别。而在每一种文字记录方式不断发展

的过程中，又可视为渐进式创新。因为在这个过程中，有可能只是改变了材料的选取或制作的过程等，并没有从根本上改变文字记录载体的形态。但是，如果从更抽象的历史观来看，骨头和竹简同属于从自然界直接获取的载体，而纸张和电子文档却是人工创造的。那么，从骨头到竹简记录文字可视为渐进式创新，而纸张的出现可视为颠覆式创新。如果再抽象一个层次，从骨头、竹简到纸张记录文字视为渐进式创新，电子文档则可视为颠覆式创新。因为前三种文字的记录载体都是"实"的，而最后一种是"虚"的。

二、渐进式创新、破坏性创新和颠覆式创新间的内在演化逻辑

其实，无论人们如何给创新行为进行命名，都不应该忽视创新的本质，那就是创新在解决人类社会发展进程中的问题，使人类社会走向更加美好的明天。就像文字记录的载体，无论在大历史观下如何变化，都没有脱离文字记录、传播和存储信息的本质。就像营销领域有个形象的比喻：消费者需要的是洞，而不是钻头。因此，无论是哪一种创新，重点都在于解决问题。而不同形式的创新，无非是在解决问题的方法和过程上变得简单高效。在此基础上，我们再来看低端和高端颠覆式创新。有人说，目前业界所做的低端颠覆式创新过多，而高端颠覆式创新相对较少。什么是低端颠覆式创新？能给现有产品提供一个更简单、更低价或更方便的替代品就是低端颠覆式创新？反之，就是高端颠覆式创新？那么，从大历史观来看，文字记录载体的变化，从骨头到竹简，从竹简到纸张，从纸张到电子文档，究竟是低端颠覆式创新还是高端颠覆式创新呢？用哲学语言表达，创新的发展应该呈螺旋式上升。

当然，这样的逻辑脉络在军事打击、交通出行、医疗治病等领域都是普遍存在的，就像凯文·凯利在《必然》一书中说，如果将某个产品的发展历史详细地梳理出来，你会发现它们的组合就像一条生产流水线，人们能够清晰地看到产品创新的变化脉络。

比如，手机发展的历史，虽然机身尺寸从最初的"大哥大"逐渐变小，但功能却在不断升级，直到发展为今天的触摸屏智能手机。就手机的发展变化而言，重要的不是讨论低端还是高端颠覆式创新，而是应该回归问题的本源。手机究竟解决了什么问题？从最初的人类通信到现在的"无所不能"。以通信功能为例进行分析，试问历史上人类通信的方式有哪些呢？如信件、烟火、电报机、固定电话、手机等。这些载体不断发展的内在演化逻辑是什么呢？那就是从延时通信到即时通信，越来越便利。所以，作为创新的实践者，应该朝着即时和便利这两个方向努力。今天的手机不仅完美解决了即时和便利的问题，而且还开发了除通信之外更多的功能，让人们对手机的依赖性越来越强。与此同时，就带来了新的问题或需求，那就是越来越害怕失去手机。如何才能不失去手机呢？有没有什么办法可以让手机随身携带，而又不会失去呢？这或许将是下一个颠覆式创新努力的方向。由手机的发展史不难看出，从内容上，智能手机的功能几乎无所不能，颠覆式创新的空间已经不大。但从外形来看，手机变化的逻辑是由"大"到"小"，下一步会不会由"实"到"虚"呢？也就是电影里面演到的虚拟屏幕，可以随身携带、随时调出或隐藏？

三、影响颠覆式创新出现的关键因素

由此可见，在大历史观下，围绕解决人类发展进程中的问题本源，创新努力的方向是可以分析出来的。比如，交易过程中的收益和风险问题。

第四讲 品牌创新：大历史观下的演变逻辑

在人类商业史上，一直有一个问题困扰着买卖双方，那就是交易过程中究竟谁先给钱，谁先给货的问题。本质上解决问题的关键在于信任和信誉。随着互联网科技的发展，支付宝的出现就很好地通过信任和支付的转移，解决了这一难题。还有人类对照明功能的需要，最开始通过木材的燃烧，后来是蜡烛，到今天的电灯。这三个阶段的发展，实际上也是围绕着人类对照明功能需要的便利性而不断创新的。试想如果没有黑夜和暗处呢？人们也就没有照明的需要了。为了使用电灯更加便利，人们还发明了电池和电线等，而这些又带来了诸多新的麻烦，未来能否实现定向无线输电呢？如果想通过创新或者颠覆式创新来实现这些，关键的影响因素有哪些？当然因素会有很多，难以面面俱到，但归纳起来无外乎内因和外因两个方面，如图4-2所示，内因主要谈一下对想象力、创造力和执行力的理解，外因主要讲一下土壤、氛围和形势的影响。而这两个方面的因素需要依托于一群志同道合的人才能实现。

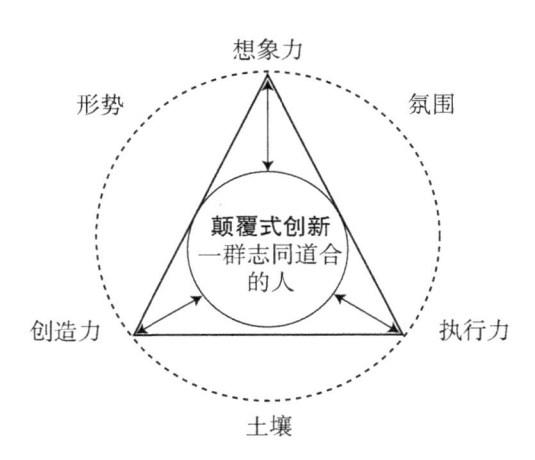

图4-2 影响颠覆式创新出现的关键因素

首先是想象力。何为想象力？"想"是心上一个相，象棋中相走田，所以是动态的。因此，要异想天开，才会有奇思妙想。而"象"呢？《道德经》中有大象无形，大音希声的说法。因此，在看不到和听不到的情况下，只能用心去想。人类对世界的认识可分为三种类型：一是用眼睛看到的；二是借助仪器设备看到的；三是用心去想到的。例如，牛顿看到苹果掉在地上，想到了万有引力定律，而万有引力是看不到的；还有爱因斯坦想到引力波，但当时很少有人能够理解，因为没有机器设备能够证实，但爱因斯坦却想到了。100年以后，有人通过创造力和执行力证实了引力波的存在。不得不说，有的人可能天生就擅长"想"，但这种想象的结果准确来说，应该叫发现。因为万有引力和引力波一直存在，他们两人只是发现而已。当然，相对于前人的理论来说，牛顿和爱因斯坦的发现也是很大的创新。还有一种"想"是超前于客观现实的，通俗来说就是因为相信而看见。就像手机、电视、电脑等有形产品的出现，研发人员头脑里应先有个大概的雏形，然后再去把它们做出来。而这个雏形应该是在现有客体的基础上改进的，如果改进只是发生了量变，可视为渐进式创新；如果改进发生的是质变，则可视为颠覆式创新。

其次是创造力和执行力。有了想象之后，要想实现创新，就需要有"创""造"的能力和"执""行"的定力。创造是在原有客体基础上的改进，或纯粹的无中生有；而执行则是心中抱有执念，坚定不移的行动。有人说成功是很多环节做到位之后积累的结果，但失败很容易，只要一个环节没有做到位就可以了。这么看，似乎失败是必然，而成功是偶然。很多创新都是一个漫长而曲折的过程，有时候可能快一点，有时候可能慢一点。但从失败走向成功是一个必然的过程，这就需要创新者具有不畏艰难、排除万险的勇气和决心。就像爱迪生和居里夫妇在经历了多次失败之后，分别改进了灯泡和发现了镭元素一样。因此，在确定了创新努力的方向之后，创新者应该剔除内心的杂念，以入定的状态守一。这样创新就会

第四讲　品牌创新：大历史观下的演变逻辑

更可能成功。然而，对商业领域来说，创新会面临更为复杂多变的情境，如竞争对手的打压、收购、抄袭或模仿等，加剧了中小企业践行创新的风险。有人说，大企业常常因为价值网的约束而被中小企业的颠覆式创新打败，这个并不绝对，要看不同国家市场的实际情况。如果在知识产权保护法律比较健全，而且人们在普遍比较尊重创新者劳动成果的环境中，是有可能的；反之，不太可能。除非大企业没有认识到中小企业创新行为的真正价值。就像当年马化腾想卖掉QQ，结果很多买家看不懂一样。

最后是颠覆式创新的"土壤"、氛围和形势。与古代相比，人类目前的知识总量在不断地飞速增加，想靠一个人完成巨大的创新，可能性越来越低。因此，未来颠覆式创新越来越需要一群人而不是一个人去战斗。这一点不少企业很早就意识到了，比如华为的研发机构和阿里巴巴的达摩院，都在全世界范围内招揽人才，培育土壤，营造氛围，创造形势。但在创新的道路上，无论是人还是事，都讲究个"缘分"，具体可分为三个层次：认识、认可和认同，念念相续，前后相随。关于创新的"土壤"，农民种地都知道，要想地里长出好的作物，就应该先去提供并创造作物生长的环境。

有一年暑假，我和家人去长隆动物园游玩，看到各种各样的动物从全世界聚集在此，仔细观察思考之后，发现将动物从全世界迁徙过来并不难，难就难在将这些动物相应的生活环境也搬过来。值得注意的是，人与作物、动物还是有区别的，人具有主观能动性，他们为何能够聚在一起进行颠覆式创新呢？这就需要志同道合。具体来讲，就是内在的事业趋向、价值观和精神等方面的追求和契合要胜过外在的名利。这群人构成了创新"土壤"的重要组成部分，慢慢就会产生创新的"气氛"，最终形成氛围。就像和气生财，气和了财自然就会生出来，财和气合起来叫有无相生，对颠覆式创新来说也是一样的逻辑。再说形势，颠覆式创新的布局"形"成了，"势"就会慢慢出来了，接着就是顺势而为，就像下围棋一样。除了这些，在一次访谈中，记得李开复还提到教育当中的突破性思维、对知识产权的尊重和保护，以及对失败的包容和不以成败论英雄的评价等，这些也是构成土壤或外部环境的重要组成部分。

第五讲

品牌定位的概念及步骤：从娃娃抓起

各位读者，大家好，这一讲的主题是品牌定位的概念及步骤。在讲品牌定位的由来及概念之前，我想先给大家讲一个品牌定位的案例。那就是从淑女到牛仔，万宝路的成功转型。大家听说过万宝路这个品牌吗？是一个来自美国的香烟品牌。20世纪初，美国有个商人叫莫里斯，他在纽约注册了一个烟草公司，开始销售万宝路这个品牌的香烟。但那个时候，万宝路并不是卖给男人抽的，而是针对女性目标消费群体，定位为"柔如五月"的女性香烟，广告宣传以时髦女性手持香烟的优雅姿态为主画面。第二次世界大战以后，1957年《读者文摘》郑重警告世人：吸烟导致肺癌，再加上强有力的竞争对手的出现，如温斯顿、肯特等香烟品牌崛起，使万宝路的经营一度雪上加霜，奄奄一息。而且通过对市场的调查了解发现，万宝路长期以来因为定位于女性消费群体，所以在男性心目中就是女人和娘娘腔抽的烟，一时之间不好改变原有的品牌形象。于是，莫里斯就找到了当时的一位广告专业人士李奥·贝纳，希望他能给万宝路重新定位。结果贝纳就问他的文案编辑，什么形象最能代表男人味，那位文案编辑不假思索地随口说了一句，是牛仔。万宝路的牛仔形象就此奠定，传播主题也定调为释放男人味。此后，万宝路的品牌传播主要凸显的就是硬汉、豪气的风格和个性。现在烟草行业在广告传播中受到限制，万宝路清晰强烈的男人味形象仍深深地烙在消费者的心中。万宝路的成功转型，就是一个品牌重新定位的很好的案例。

一、品牌定位的由来和概念

接下来，我们来看品牌定位的由来和概念。品牌定位并非一蹴而就，

第五讲 品牌定位的概念及步骤：从娃娃抓起

它也是在时空背景发生转换时催生出来的新的理论或思想。首先是产品独特销售主张时代，就是大家卖东西的时候一定会诉求自己产品的卖点，就像《水浒传》里的杨志卖刀，还有人记得杨志卖刀的时候，说的三个卖点是什么吗？他说的第一个卖点是吹毛即断，第二个是削铁如泥，第三个是杀人不见血。其实这个古人早已经做过。其次是品牌形象时代，在这个时代，卖方将品牌的诉求点从产品层面上升至品牌层面，开始认为品牌的声誉或形象比任何一个具体的产品特色都更加重要。而且认为每一次广告都是对品牌形象的长期投资。最后是品牌定位时代，著名的美国营销专家里斯和特劳特两人提出了心理占位、第一说法、区隔化等一系列重要观点和思想。比如心理占位，他们认为品牌竞争的战场不在市场上，不在门店，而是在消费者的大脑和心智。所以，这就不难理解为何有不少企业常常说自己是某某方面的第一了。还有区隔化，就是如果做不了第一，那就做唯一，在某个品类、属性或标准方面做到唯一也是不错的选择，如图5-1所示。

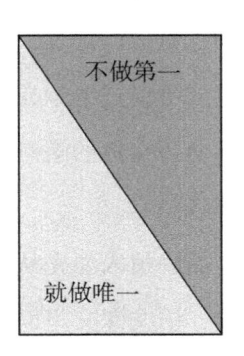

图5-1 品牌定位区隔化选择

那究竟什么是品牌定位呢？品牌定位就是对品牌进行设计，使其能在目标消费者心目中占有一个独特的、有价值的位置的行动过程。与前面讲到的独特销售主张和品牌形象是有区别的，独特销售主张是产品层面具体信息的传播，而品牌形象是品牌层面抽象整体信息的传播，品牌定位则是在抽象的基础上再具体，集中于一点的品牌形象传播。

二、品牌定位的原因

那为什么要进行品牌定位呢？

第一点就是消费者的心智资源是有限的。在信息爆炸的时代，人们每天接触到的信息有多少会留在脑海里呢？我们的大脑还不能像计算机那样，同一个时间点上进行大量的信息处理和运算。所以，品牌定位可以集中于一点。

第二点就是消费者厌繁喜简。因为接触到的信息多、事情多，所以喜欢简单的不喜欢复杂的。如果品牌传播过程中表达的信息过多，消费者根本就记不住。

第三点就是先入为主。要么在时间上以第一的身份进入消费者的大脑，要么在实力方面以第一的身份进行诉求。讲两个故事。一个是关于海尔的，大家小时候有没有看过或听说过海尔兄弟的动画片？如果看过，那么长大后，海尔这个品牌会不会留在你的潜意识当中？如果会，当你结婚的时候，买家电会不会想起海尔？如果会，对海尔来说，这就够了。可见，企业是多么有长远眼光，品牌植入要先从娃娃抓起。另一个是关于桂林的，请问大家上小学的时候，语文课文里面是不是有一篇《桂林山水甲天下》的文章？把品牌传播写到书本里面，考试的时候再多考几遍，你会不会记得更加清楚？长大后你要是旅游，尤其是山水大类景点，你会不会想起桂林这个地方？如果会，也就够了。这种品牌传播成本低，而且效果还很好。

第四点是斥同求异。在品牌定位方面有不少企业同质化比较严重，在不能成为第一的情况下，稍微做点差异化的改变，成为消费者心目中的唯一，也是不错的选择。这里也要讲个案例，那就是脑白金的故事。大家先想想在保健品行业中脑白金为何能够卖得那么好？一般的保健品生命周期都非常短暂，而脑白金是个例外。不少同学回答，因为广告打得比较猛，还有人说抓住了中国文化即"礼仪中国，孝行天下"。其实最重要的因素是脑白金定位于保健品当中的礼品。因为礼品的定位是吃的人不买，买的人不吃，造成了购买者与产品使用者之间的决裂，不是同一个人，结果大家可想而知。

三、品牌定位的步骤

接下来，要给大家讲的是如何进行品牌定位，也就是品牌定位的步骤。

第一步是分析行业的品类。每个行业都有自己的特殊性，一定要先找到行业自身的特殊规律，才能进行品牌定位。以旅游业为例，可以分为：山水大类，如桂林、张家界、九寨沟等；历史景点，如长城、故宫等；古镇景点，如凤凰古镇、乌镇等；还有现代景点，像鸟巢、水立方、上海世博馆等。要想做到所有大类的第一，难度很大，而且各个类别之间的可比性也不大。因此，只要做到每个品类的第一就够了。

第二步是与竞争对手形成区隔。一方面要与竞争对手形成差异，另一方面这个差异还要满足消费者的需求。例如，在水行业中，娃哈哈代表纯净水，康师傅代表矿物质水，农夫山泉代表"天然水"。

第三步是找到支撑点。纯净水的支撑点是水处理技术，矿物质水的支撑点是水中添加了矿物质，农夫山泉的支撑点在于水源地。这三家对水的理解是不一样的，正是将自己定位于某个品类后，成为这个品类的第一，才能更容易让消费者记住。而且他们各自的区隔点不是空穴来风，而是有支撑点的。

第四步是众口一致，不断投入。就像这"三瓶水"，当提炼了各自品牌的核心价值和诉求点之后，各路的传播和引导都应该朝一个方向努力，不断地投入资金进行广告宣传。有些人害怕广告宣传，因为广告宣传太烧钱，而且又不好衡量效果。因此，他们更愿意把钱花在看得见、摸得着的地方，比如盖楼，购买设备等。其实，这是不对的。只要定位清晰、诉求得当，不妨一试。

第五步是执行、监督和控制。主要是在品牌传播执行过程中，要做好监督和控制。比如，某品牌在某电视台某个时间点播放了几秒钟的广告，持续半年或一年时间，花了很多钱，那么就应该向某电视台要每一天的广告视频存档。还有就是某个场所的广告牌，万一这个场所进行翻修，或者进行工程方面的维护，也有可能会调整此广告牌的位置，或者等工程结束以后再放上去。这些都是实践中品牌传播的复杂性和多样性的体现，不可不重视。

最后，我想对这一讲的内容做个小结。这一讲主要讲了三点。一是品牌定位的由来和定义。二是为什么进行品牌定位，共四个方面的原因：心智有限、厌繁喜简、先入为主、斥同求异。三是进行品牌定位的五个步骤。总的来说，我讲了品牌定位的What - Why - How（见图5-2）三个方面的问题。

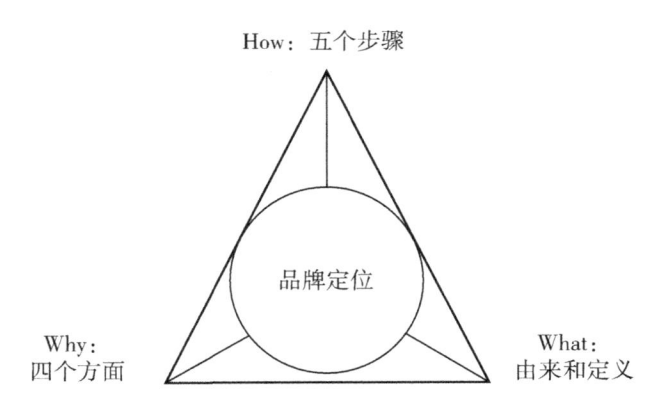

第五讲　品牌定位的概念及步骤：从娃娃抓起

How：五个步骤

品牌定位

Why：
四个方面

What：
由来和定义

图5-2　品牌定位的What-Why-How

第六讲

品牌摆架子：高不可攀还想攀

各位读者，大家好，这一讲的主题是品牌摆架子。首先，我们要搞清楚什么是摆架子。摆架子源于人际交往，指个体行为呈现于外，让他人感觉自己比实际更重要，且让人产生较远的心理距离感知。那么，人们究竟该不该摆架子呢？自古以来，普遍认为，官员摆架子则民心不向；企业家摆架子则人心不聚；学者摆架子则失礼误人。因此，多数人主张不应摆架子，因为那样容易让人产生隔阂，难以亲近。而少数人认为，在管理方面，作为领导，适当的"摆架子"可与下属保持距离，有助于树立权威。由此可见，该不该摆架子跟主体的身份地位密切相关。

一、品牌摆架子的定义

对品牌而言，什么是摆架子呢？我给大家讲个故事：有一年我在香港城市大学访学，附近有个商场叫又一城，里面有两家服装品牌，一个是Kent & Curwen，是一个非常高端的品牌；一个是Tommy，是一个非常大众的品牌。有一天行山归来，我跟一位老师一起去体验什么是摆架子。我俩穿着运动衣，先进了Kent & Curwen店。从进去到出来，所有服务员都是一动不动，表情傲慢冷漠，没有一丝笑容。出来后，那位老师问我，这是你的问题还是我的问题？随后我们去了不远的Tommy店。还没进门，服务员就热情微笑着跑出来，说："欢迎光临，有什么需要我帮忙的吗？"我们说："先看看。"服务员就一直跟着我们，边走边介绍他们的产品。最后我们什么也没买就出来了。服务员一直送到门口，微笑着说："谢谢，欢迎下次光临。"基于实地的观察和文献的分析，我们给品牌摆架子做了界定：主要指企业以优异的产品质量为基础，以维持品牌定位和形象为目标，围绕让消费者觉得高不可攀还想攀所做出的一系列拉远品牌与消费者距离的营销行为架构选择，在建立和维持品牌关系过程中"门槛"设置较高，并在战略上保持该架构长期的一致性和连续性。自然，没架子的定义就与之相反了。

二、人际摆架子与品牌摆架子对比分析

在人际交往中，架子是位于里子和脸面之间的一个环节，摆架子要以好的、扎实的里子为基础，以建立和维持好的脸面为支撑的人格形象，围绕自我认知的较高心理定位所做出的一系列行为架构的适当选择。其中，里子是内在的、实的，体现为能力或权力，必须要好，因为它是摆架子的基础和资本；而脸面是外在的、虚的，体现在道德和成就指向，它们是摆架子支撑的人格形象，如图6-1左侧所示。在品牌领域，产品质量代表的是里子，是内在的、有形的、实的，不仅要优而且要异，它是品牌摆架子行为的基础和资本，如图6-1右侧所示。而上面的品牌定位和品牌形象是脸面，是外在的、无形的、虚的，它们是摆架子行为架构支撑和外化的对象，强调象征意义的程度，程度越强，品牌的架子摆得就越足；程度越弱以至于没有象征意义，则品牌无须摆架子。

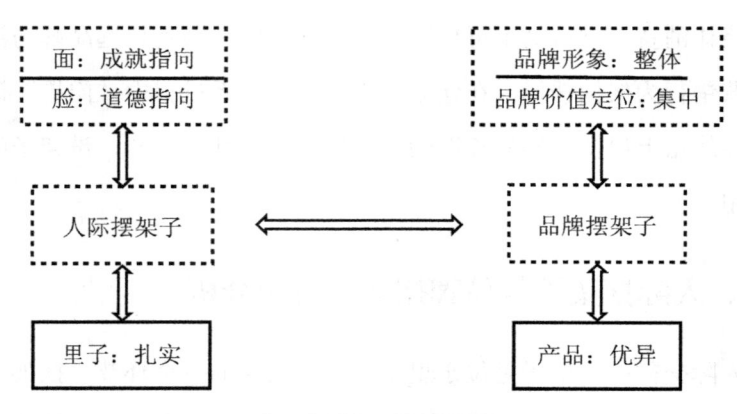

```
┌─────────────────┐              ┌─────────────────┐
│ 面：成就指向    │              │ 品牌形象：整体  │
│ 脸：道德指向    │              │ 品牌价值定位：集中│
└────────┬────────┘              └────────┬────────┘
         ↕                                ↕
┌─────────────────┐    ←——→      ┌─────────────────┐
│   人际摆架子    │              │   品牌摆架子    │
└────────┬────────┘              └────────┬────────┘
         ↕                                ↕
┌─────────────────┐              ┌─────────────────┐
│   里子：扎实    │              │   产品：优异    │
└─────────────────┘              └─────────────────┘
```

图 6-1　人际摆架子和品牌摆架子图解

三、品牌价值定位及消费者群体分析

那么，品牌能不能摆架子跟什么相关呢？按照人际的逻辑，我们认为，跟品牌的价值定位密切相关。于是，根据品牌象征意义程度的高低，我们将其划分为象征价值品牌、形象价值品牌和功能价值品牌，如图6-2左侧所示。由于摆架子行为不仅是品牌对自身认知的心理定位，也反映了消费者对品牌本身及其使用者群体的心理认知定位，与品牌使用者的社会地位和拥有的财富密切相关。因此，根据品牌使用者社会地位的高低和拥有财富的多少，我们将其划分为四类人群，如图6-2右侧所示：第一类是既富且贵的人，第二类是贵而不富的人，第三类是富而不贵的人，第四类是不富不贵的人。如果我们把品牌象征意义看成"虚"的，把品牌功能价值看成"实"的。那么，"虚"的成分越多，品牌越侧重于做人，与消费者建立的是一种感性关系，内在的质由"价"来体现；"实"的成分越多，品牌越侧重于做事，与消费者建立的是一种理性关系，内在的质由"量"来体现。

第六讲　品牌摆架子：高不可攀还想攀

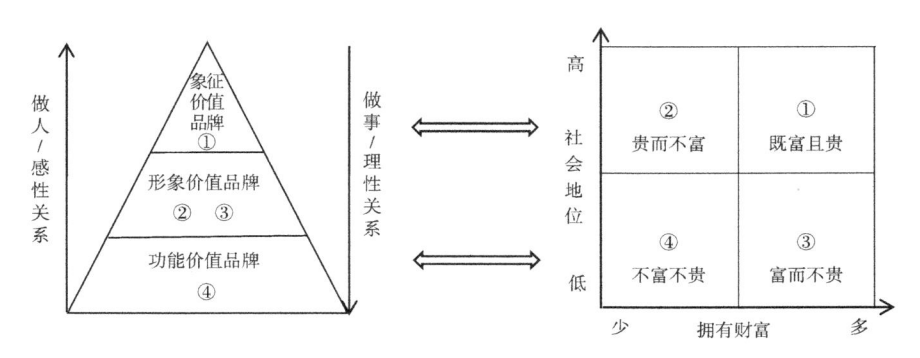

图6-2　品牌价值定位分类和消费者群体细分

对象征价值品牌来说，在"实"的方面，性价比相对很低，但在"虚"的方面，其象征意义的程度相对最高且没有上限，传递的价值体现了真正的富贵。如百达翡丽、江诗丹顿等手表，目标顾客为第一类既富且贵的人。这类消费群体在购买品牌时，与社会表达相比，较侧重品牌的自我表达，他们深度了解品牌的来源和内涵，产品的设计风格等方方面面，他们能看"懂"品牌或产品等"物"背后的"人"的意识和意念，看重的是生产者所赋予品牌或产品的"神"，即风格、思想和精神，是否与自己契合。例如，这部分消费者购买产品时，基本会弄清楚这个产品或品牌背后设计的想法是什么，他们一定会想办法搞清楚产品是怎么来的，为什么这样设计。

对形象价值品牌来说，在"实"和"虚"两个方面均相对适中。象征意义虽有，但仅仅是体现了"形"，而未抓住"神"，传递的价值体现了贵而不够富或富而不够贵，如浪琴、名士等手表，目标顾客为第二类和第三类人群。与象征价值品牌相比，这类品牌对目标顾客的心理需求把握相对简单，而且不够深入。此类消费群体在购买品牌时，与自我表达相比，较侧重品牌的社会表达，看重的是"外"在的"形"能够给自己带来多大

043

的社交价值；并不像第一类既富且贵的人那样，深度了解品牌"内"在的"神"是否与自己契合。例如有人买个LV的包，她不知道这个包包的设计理念是什么，也无须了解它的来龙去脉。

对功能价值品牌来说，在"实"的方面，性价比相对很高，但在"虚"的方面，象征意义接近于零，无法体现富和贵，传递的仅仅是产品的功能价值，如海飞丝洗发水、格力空调、红牛饮料等，目标顾客为第四类的不富不贵的人。此类品牌基本不做"虚"的，聚焦于"实"即功能价值，较侧重解决目标顾客群体的外在需求，也就是与产品消费相关的现实问题。此类消费群体在购买品牌时，更看重性价比，以及产品的质量和功能等方面。

综上所述，象征价值定位的品牌一般处于行业的最高端，"门槛"比较高，需要借助摆架子设置屏障"阻挡人/做减法"，阻止次优的消费群体融入品牌，但是因为象征意义本身的吸引力，会让人产生高不可攀还想攀的心理，摆架子可以保护和吸收真正的品牌使用者。如果象征价值品牌选择了放下架子，并且最终没架子，短期内可能会提高销量，但长期来看势必会严重损害品牌象征价值的形象。因此，象征价值品牌的架子只能向"上"摆，不能向"下"放。但如果产品和服务质量不行，没有真功夫，架子是装出来或撑着的，名不副实，则会被视为"花架子"。而功能价值定位的品牌处于行业的较低端，"门槛"比较低，需要借助没架子"吸引人/做加法"，尽可能与消费者融为一体，加之产品本身的性价比让消费者感觉是"值"的，最终会让人产生平易近人、人必亲之的效果。但如果功能价值品牌选择了摆架子，则将很容易流失顾客，并大幅度降低销量，最终被视为"臭架子"。因此，功能价值品牌不能向"上"摆架子，只能在一个消费者可以容忍接受的范围内适当调整架子行为。

第六讲　品牌摆架子：高不可攀还想攀

接下来，可能有同学要问了："老师，在营销实践中，品牌摆架子和没架子该如何操作呢？"我的答案是：要想摆架子，第一，可以对产品每年的产销量进行限制，这符合经济学所讲物以稀为贵的逻辑；第二，定价极高，而且从不降价打折，甚至还会不断地提价，普通大众很难买得起；第三，销售的渠道网点非常稀少，难以见到；第四，广告代言人常表现出一副高冷的姿态；第五，终端销售店面非常高大上，或者气势逼人，让人看了没有底气进去消费，就像我大学毕业那会儿跟客户见面，走到五星级酒店门口都不敢进去；第六，终端门店销售服务人员面对进店购物的普通消费者，态度要冷漠、傲慢。自然，没架子的具体操作与之相反。总之，象征价值品牌摆架子做减法，功能价值品牌没架子做加法。

第七讲

品牌命名概述：名不正，则言不顺

各位读者，大家好，这一讲的主题是品牌命名的概述，主要包括品牌命名的作用、原则和方法。一个企业的诞生应该从它的名字开始，取一个好的名字是一个企业迈向成功的第一步。《论语》中有句话，叫作"名不正，则言不顺；言不顺，则事不成。"由此可见，"名"很重要。从专业角度来讲，公司的品牌名称是其重要的无形资产，在产品和服务营销及消费者购买决策过程中，起着非常关键的作用。具体来说，品牌命名的作用包括哪些呢？主要有品牌名称传递的信号、提示和联想的作用，还可以体现企业的文化及核心价值观，甚至代表着民族文化。从市场运行的规律出发，主要有以下两点。

一、品牌命名的作用和原则

首先，从企业的视角来看，信号理论指出：在市场信息不对称的条件下，公司希望通过品牌名称发出信号来表明自己的定位，以及与对手之间在竞争优势方面的差异。从消费者的视角来看，当他们不了解产品时，品牌名称就是一个重要的信号，它能帮助消费者降低搜索成本、认知努力及感知风险。

其次是品牌名称对消费者的提示和联想的作用。提示作用主要指在特定的产品背景下，传递与产品利益相关的信息；而联想作用则指品牌名称能够激发消费者记忆中已储存的信息，进而触发品牌名称相关的记忆和回忆。例如，当消费者看到"顺丰"这个品牌时，知道它是做物流快递的，自然会很容易联想到收寄东西很快。还有，当消费者看到"红牛"这个品牌时，知道它是做饮料的，就会很容易联想到喝了它，像牛一样强壮有力

第七讲　品牌命名概述：名不正，则言不顺

量。由此可见，品牌命名对企业有着非常重要的意义。

那么，给品牌命名的原则有哪些呢？有人总结了很多，比如品牌名称要能够体现产品的利益、容易记住、与公司和产品形象一致、在法律上要具有有效性、有利于说服消费者、独特而有竞争力、不能过长、易于阅读、对潜在用户有正面的暗示、适合包装、现代并且时尚、易于理解、便于促销和广告。显然，这样的标准有点多，归纳起来主要有三个方面的体现：语言表达、时间和空间的适应性、合法性。

我认为品牌命名的原则（见图7-1）主要有三个方面。

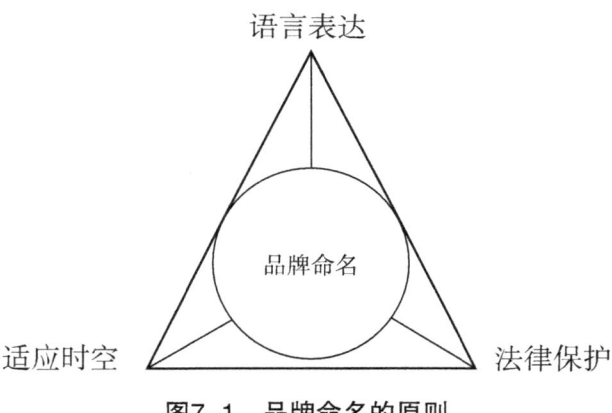

图7-1　品牌命名的原则

第一，语言表达，要易读易记、简单响亮、寓意丰富、启发联想。例如，"娃哈哈"这个品牌，当年起名字的时候，娃哈哈集团向社会征集，然后请各领域专家进行评选，包括语言学、营销学、心理学、社会学、法学等各界专业人士，最终确定"娃哈哈"作为品牌名称。"娃哈哈"三个字的好处在于以下四点。一是发音中的元音"a"是婴儿出生后的第一个发音，生下来就会，不用学，极易模仿，且发音响亮，音韵和谐，容易记忆。二是"娃"在中国很多省份，尤其是北方代表小孩儿的意思，有些

049

地区叫小孩儿，就叫娃子。这个与集团的目标受众是一致的。三是"哈哈"在很多文化背景下，都代表高兴和喜悦。四是当时有首儿歌叫"娃哈哈"，将品牌与儿歌联系在一起，借助儿歌传遍大江南北，提高知名度。

第二，保持时间和空间的适应性。品牌名称要能够适应时间和空间的变化。例如，给孩子小时候取个小名叫"狗蛋"，长大了就不能再这么叫了。

第三，具有合法性，不能引起法律的纠纷。这两点合起来可以举个例子，例如联想集团的改名事件。1985年，随着第一款具有联想功能的汉卡产品的推出，联想品牌由此诞生。1988年香港联想电脑存限公司成立，Legend成为公司英文名称，Legend意为传奇。随着公司的发展，联想集团国际化之路势在必行，要实现这一目标，联想首先需要排除的是品牌名称的障碍。因为Legend在国外市场被注册得太多了，而联想在国外发展，就一定要有一个能受法律保护、能合法销售的品牌名称。后来，联想集团将自己的品牌名称改成了Lenovo，其中"Le"取自Legend，而"novo"在拉丁语中表示创新。Lenovo既代表传奇，也代表创新，是传承和创新的表达，这解决了品牌名称国际化的问题。由此可见，起名字要有远见，名称对时间、空间及法律要有一定的适应性。

二、品牌命名的方法

上述原则对品牌命名来说有些抽象，我们再具体一点，讲一些品牌命名的方法。

第一种方法是地域命名法，将企业或产品品牌与地名联系在一起，把消费者对地域的好感和信任转移至产品或企业品牌上，如青岛啤酒、黄鹤楼香烟等。

第二种方法是时间命名法，将与产品/品牌相关的历史渊源作为产品

/品牌命名的要素，使消费者对该产品/品牌产生正宗的认同感，如国窖1573。

第三种方法是目标客户命名法，将品牌与目标客户联系在一起，使目标客户产生认同感，如娃哈哈儿童食品、好孩子童车、太太口服液等。

第四种方法是人物命名法，将名人、明星或企业创始人的名字作为产品或品牌的名称，充分利用人名含有的价值，促进消费者认同产品，如李宁运动服装、老干妈辣椒酱、乔丹运动鞋等。

第五种方法是数字命名法，是用数字来为品牌命名，借用人们对数字的联想效应，体现品牌的特色，如7-11便利店，其中的7指早上7点，11指晚上11点，蕴含早7点和晚11点为营业时间。

第六种方法是功效命名法，用产品功效为品牌命名，使消费者能够通过品牌对产品功效产生认同，如飘柔洗发水、泻立停药品等。

第七种方法是价值命名法，用凝练的语言为品牌命名，使消费者看到产品或企业品牌，就能感受企业的价值观，如兴业银行，就体现了对兴盛事业的价值追求；如同仁堂和德仁堂，就突出了同修仁德，济世养生的药商追求。

第八种方法是形象命名法，运用动物、植物和自然景观为品牌命名，如大红鹰、七匹狼、熊猫等。

第九种方法是借用法，就是企业选择历史或者日常生活中人们非常熟悉的人或事物，直接作为自己企业或产品品牌名称，如小米科技直接取自日常生活中的米饭；曹操专车直接取自历史人物曹操；苹果手机直接取自水果中的苹果。这样的命名方法有利于品牌更快更好地上市，因为这些人或事物都是消费者天天接触、非常熟悉的。如此命名，不仅可以降低因侵权带来的风险，还能大大降低企业宣传的成本，迅速提高品牌知名度。

三、不同语言品牌命名的侧重及未来研究方向

上述讲到的作用、原则和方法，无论对英语品牌命名，还是对汉语品牌命名，都是适用的。汉语是用汉字来表达，侧重语意；英语用字母来组合，侧重语音。目前，有人总结了汉语品牌命名的特征；也有人总结了英语品牌命名的特征；还有人总结了英语向汉语转化的特征，如图7-2所示，即外国品牌进入中国是如何命名的。但现在还没有总结汉语向英语转化的特征，即中国品牌进入国际市场该如何命名。

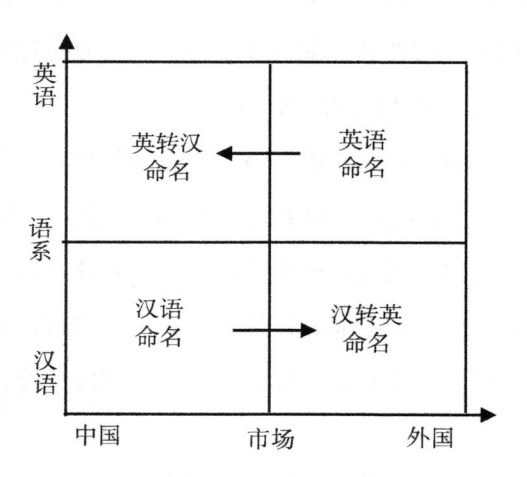

图7-2　品牌命名语系与市场的组合情境

最后，我想对这一讲的内容做个小结。这一讲主要讲了三点。第一点是品牌命名的作用和原则。重点讲了提示和联想的作用及语言表达、时间和空间的适应性、合法性的原则。第二点是品牌命名的方法，我介绍了九种，有地域命名法、时间命名法、目标客户命名法、人物命名法、数字命名法、功效命名法、价值命名法、形象命名法、借用法。第三点是分析了汉语和英语品牌命名的侧重，及未来可以研究的方向。

第八讲

汉语品牌命名

各位读者，大家好，这一讲的主题是汉语的品牌命名。上一讲提到了汉语和英语在品牌命名上的侧重点不同，不知道大家是否还记得。其中一个重要的区别就是汉语命名由汉字组成，侧重语意；而英语命名由单词或字母组成，侧重语音。这一讲，先给大家讲解汉语的品牌命名，主要从中国品牌命名的一般性特征和老字号品牌命名的特征两个方面展开。

一、汉语品牌命名的一般特征和法则

首先来看中国品牌命名的一般性特征。请参考陈洁光和黄月圆等老师发表在《南开管理评论》上的文章《中国的品牌命名——十类中国产品品牌名称的语言学分析》。理解中国品牌命名的一般性特征，不仅能帮助企业创建一个优秀的品牌，而且对外国企业进入中国，实现本土化也有一定的帮助，这无疑会促进商家在中国市场上的成功。语素是语言中最小的音义结合体，汉语中的高频核心语素有3000到5000个。汉语中的名称，不管是地名、人名还是品名大多数都是双音节，即由两个字构成。在搜集分析了10个大类和1300多个中国品牌之后，发现采用两个字命名的最多，其次是三个字命名的，这可能是因为两个字或三个字容易辨认、发音和记忆；在名称中结尾的那个字的声调第一声和第二声的比较多，第三声和第四声的比较少；还有就是褒义词的比较多，会通过有意识地选择人们喜爱的动物、植物或者其他在中国文化中寓意吉祥的名称，来赋予品牌一个积极、正面的含义。

二、老字号品牌命名的特征和法则

接下来，我们来看一下在中国品牌这个大家庭中一些特殊的群体，如老字号品牌，它们的命名有什么特征？请大家参考吴水龙、卢泰宏和苏雯在《管理学报》上发表的论文《"老字号"品牌命名研究——基于商务部首批老字号名单的分析》。三位作者以商务部2006年第一批认定的434个中华老字号名单为研究样本，对老字号品牌的名称进行量化分析，从一般意义上归纳出中华老字号品牌的命名特征和命名模式。首先从样本的基本特征来看，老字号品牌主要分布在食品加工、餐饮住宿、医药和零售业4个行业，占老字号品牌总量的百分之八十多。从空间分布来看，老字号的434个品牌分布于全国26个省、自治区、直辖市，但主要聚集在北京（67个）、上海（52个）及其周边一些省市。其次从音节来看，三音节，也就是老字号品牌名称中是三个字的占百分之五十多，如全聚德、同仁堂、剑南春等；双音节，也就是名称为两个字的占百分之三十多，如咸亨、茅台等；多音节，四个字以上的名称仅占百分之十几，如老拨云堂、广州酒家等。但在餐饮住宿行业中，采用三个字命名的比重最大，106个餐饮老字号中有79个都是三个字，占比高达百分之七十多。然后根据声调的特征分析发现，有314个老字号品牌名称，最后一个字的声调都是第一声或者第二声，占总样本的70%以上。升调音节使这些老字号读音高扬，听起来响亮、悦耳。最后一个字采用第三声和第四声的降调音节的，老字号品牌中仅有120个，占比接近30%。其中，医药行业品牌名称最后一个字采用第一声和第二声最多，占比达80%以上，高居所有行业第一，主要是因为医药行业有很多以"堂"字为后缀的。

从语义特征来看，老字号品牌名称一般以褒义词居多，有部分是中性的，极少是贬义的。除人名和地名外，剩下的327个老字号品牌名称中，有240个老字号名称蕴含褒义，占70%多，如同仁堂、全聚德和东来顺等。其中，因医药和食品加工类行业自身的原因，品牌名称蕴含褒义的占比较高，分别为90%和80%以上。从文化特征来分析，在中国的传统文化中，仁、和、德、信等一直是人们追求、倡导的处世原则和商业精神，老字号品牌名称中频繁使用仁、和、德、信等字眼，不仅体现出商家的经营思想，也寄托了对消费者人格精神的美好期望。在使用褒义词的240个老字号名称中，医药行业使用吉利字的占比最高，寓意品牌能为患者带来安康吉祥。

最后，三位作者总结了老字号品牌命名的两种模式，如图8-1所示。

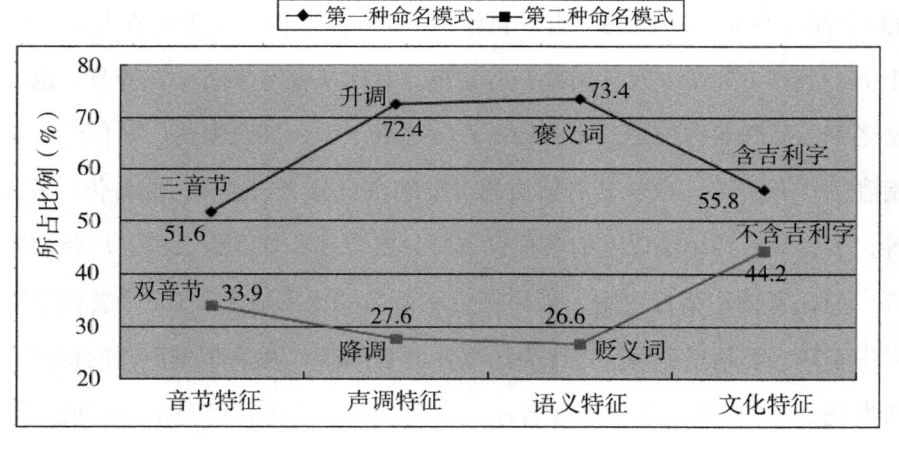

图8-1 老字号品牌命名的两种模式

第一种命名的模式是：三个字居多，名称中最后一个字是第一声或第二声，名称中的词是褒义词，并且含吉利字。第二种命名的模式是：两个字也不少，名称中最后一个字是第三声和第四声，名称中的词是中性词，不含吉利字。第一种命名模式充分代表了中华商业文化的精髓，同时更体现了汉语命名的主要规则；第二种命名模式一方面说明了人名或地名在老字号品牌名称中占有一定的比重，另一方面也反映出品牌名称蕴含泛化的意义，尤其对于商业零售业显得更为重要。但后来我们再去查这些老字号品牌时，发现已经有很多老字号因经营不善不存在了，而且老字号品牌中经营得特别成功，走向全国和国际市场的也不多。所以大家可以去思考：如何激活老字号品牌？老字号品牌该如何做，才能实现传承与创新的结合？

三、仿洋品牌和仿古品牌命名的原因和机制

接下来，我们要讨论的是另外一个特殊群体的品牌命名。请参考高辉等人在《商业经济与管理》上发表的论文《"洋名"好，还是"土名"好？中国仿洋和仿古品牌命名研究》。我们知道品牌名称有一个重要的功能就是激发消费者的联想，并且还有一个因素就是消费者对品牌的年龄和来自什么地方都存在一定的困惑，说白了就是无法准确识别。正是基于这两个基础，市场上有不少品牌模仿洋品牌命名，取个外国名；也有不少品牌模仿老字号，取个仿古品牌的名称。那么，仿洋品牌和仿古品牌（见图8-2）的做法在市场上是不是有效呢？如果有效，那么其中的机制是什么呢？高辉等人围绕这些问题展开了研究。这里先给大家介绍两个名词。一个是外国品牌化，主要指让产品或企业的品牌名称，在本土语言中听起来，或从本土品牌营销实践的角度看起来是外国的，就像仿洋品牌或假洋品牌。另一个是本土品牌化，主要指让某个产品或企业的品牌名称，符合当地的语言文化特征或当地的品牌营销实践，如宝洁的海飞丝、飘柔等。这两种做法本质上都利用了文化刻板印象的心理，也就是消费者对一个国家、民族和文化所产生的广泛、一致的共同认识和判断。

```
┌─────────────────┐
│╲    西方文化意义 │
│  ╲    仿洋品牌  │
│    ╲           │
│      ╲         │
│        ╲       │
│ 中国文化意义╲   │
│   仿古品牌   ╲ │
└─────────────────┘
```

图8-2 仿洋品牌和仿古品牌

在营销实践中，有一些仿洋品牌，如可比克、索芙特、美特斯邦威等；也有一些仿古品牌，如佰草集、养生堂、徐福记等。仿洋品牌的名称传递了西方文化的意义，而仿古品牌的名称传递了中国传统文化的意义。有人研究发现，西方品牌意义代表着更高的质量、更高的名望和地位、更现代、时髦的感知，以及代表成为国际消费文化中的一员。而老字号品牌更多地代表着中国儒家文化的责任和义务等价值观，也代表着道家文化，包括中国人对养生、人与自然和自我保护等价值观。因此，仿古品牌的名称会让消费者联想到与中国传统文化相关的词汇，而且与仿洋品牌名称相比，仿古品牌会让消费者感到它的历史更长，更传统、更古典、更正宗。仿洋品牌的名称会让消费者联想到与西方文化相关的词汇，而且相对于仿古品牌名称，会让消费者感到它的历史较短，但同时也更现代、更时尚。

最后，我对这一讲做一个小结。首先要说明的是中华文化博大精深，尤其是汉字里面蕴含的意义非常丰富，古人在造字的时候多是来源于情境。因此，我们应该多去琢磨：每个字当时创建的情境是什么？为什么是这样的，而不是那样的？这一讲主要讨论了汉语语系下的品牌命名：一是汉语语系下品牌命名的一般特征和法则；二是老字号品牌命名的特征和法则；三是仿洋品牌和仿古品牌命名的原因和机制。

第九讲

英语品牌命名

各位读者，大家好，这一讲的主题是英语品牌命名。英语与汉语侧重点不同，这个在本章前面的两节课中提到过，英语品牌命名侧重听觉传意；而汉语品牌命名侧重视觉传意。随着经济全球化的快速发展，多国文化间差异的客观存在，为品牌国际化命名提出了新的课题和挑战。其中，主要的障碍和难题在于表音语言体系（如英语）和符号语言体系（如汉语）间的差异和转化。举个例子，英语侧重于通过听觉进行语言传递，比如"hot"，读者看后不仅明其意，而且知道它是怎么读的；而汉语比较侧重于通过视觉进行书写传递，如"热"，读者看到下面的四点如同架在燃烧的火堆上，却不能从书写中知道它是怎么读的。由此可见，虽然两者都在达"意"，但方式和途径却存在很大的不同。

一、英语品牌命名的研究背景

基于此，在上述两种语言的背景下，有人对品牌名称展开了丰富深入的研究，归纳起来主要有以下四个方面。第一是汉语研究，这个第八讲已经讲过了。第二是英语研究。第三是英语向汉语的转化研究。第四是汉语向英语的转化研究。这一讲我主要讲后面的三种。首先从英语来看，在品牌名称中，就语音而言，与爆破音（如p）和后元音（如o）相比，摩擦音（如θ）和前元音（如i）在尺寸、重量、颜色和形状等方面，会让消费者对产品的这些属性更倾向于产生更小、更轻、更淡、更有棱角等的感觉。而从语意方面来看，如果品牌名称当中的元音所传递的语意（如sharp）对于产品类别（如knife）高度相关且正面的情况下，消费者会更加偏爱该品牌，也更有可能购买该产品。这些结论大多是西方学者所研究的，但他们的这些研究比较零散，缺乏英语系统的研究结论。

二、世界最有价值品牌名称分析

鉴于此，我们的团队对世界最有价值品牌的英文名称做了研究分析。从福布斯、世界品牌实验室和BrandZ三家公司或机构，连续三年所发布的世界最有价值品牌排行榜中，分别选取前100个品牌名称作为样本，在剔除重复的品牌名称之后，最终剩下201个有效的样本。这些样本的基本特征如下。从品牌所在地区或国家的分布来看，北美最多，为100个，94个来自美国，5个来自加拿大，1个来自墨西哥。其次是欧洲地区，为63个，14个来自英国，12个来自法国，11个来自德国，剩下的来自西班牙和意大利等国家。最后是亚洲地区，为33个，18个来自中国，9个来自日本，3个来自韩国，2个来自印度，1个来自泰国。其余的来自澳大利亚和巴西等国家。总体来看，来自欧、美、日等发达国家和地区的占比超过80%，占有绝对优势。从品牌创始的年限来看，100年以下的占比最高，100—200年之间的其次，200年以上最少。这说明即便是世界最有价值的品牌，也是有生命周期的。

从行业分布来看，按照占比从高到低排序，依次是：批发零售，包括食品饮料、服装、日化等（如沃尔玛）；计算机IT行业，包括互联网、计算机办公设备等（如微软）；金融投资行业，包括银行、保险等（如汇丰银行）；文化娱乐行业，包括教育、娱乐等（如哈佛大学）；机械制造行业，包括汽车、工业设备制造等（如GE）；能源化工行业，包括石油、能源、化工等（如壳牌）；商业服务行业，包括物流和咨询等（如埃森哲）；及其他行业（如美国国家地理协会和诺贝尔奖等）。

根据词汇结构方面的分析，从名称当中的字母使用来看，按照频次高低排序，列前五位的分别是e（156次）、a（143次）、o（109次）、n（102次）、i（98次）。而列后五位的分别是j（3次）、z（7次）、x（13次）、v（17次）、y（17次）。由此可见，元音字母，除了u之外，其他排序相对都比较靠前。从单词书写的表现形式来看，单词首字母大写的有142个，如Apple、Facebook等，全部大写的有52个，这里面含有38个由大写字母缩写而成的名称，如HARVARD、NOKIA等，其他混合组成的有7个，如McDonald's、eBay等。从名称的构成要素来看，单独由数字构成的为0；由字母缩写组成的有38个，占19%；由数字、字母或单词混合构成的有4个，仅占2%，如7-Eleven、O2、US Bank等。剩下的均由单词构成，其中，由一个单词构成的有120个，占60%，如Dell和Google；由两个单词构成的有29个，占15%，如Red Bull和Dream Works；由三个和四个单词构成的各有5个，仅占2%，如Bank of America和The Wall Street Journal。

从词汇的发音方面来看，由于音节主要是针对一个单词而言，所以对于音节的分析，我们剔除了包含两个或两个以上单词的品牌名称，有38个。在剩下的163个有效样本中，双音节词有87个，占53%，如Apple和SONY；三音节词有44个，占27%，如Microsoft和Blackberry；多音节词有15个，占9%，如Wikipedia（维基百科）；单音节词有17个，占11%，如Dell和Ford。从元音的分类来看，含单元音的品牌名称最多，有135个，占67%，如Pepsi和Disney；含双元音的只有7个，占3%，如TIME和Chase；含三元音的有1个，如Science。在单、双、三元音的组合中，有57个品牌名称既含有单元音又含有双元音，占总数的28%，如Facebook和Nike，只有1个名称同时包含单、双、三元音，如National Geographic Society。至于什么单音节、双音节或多音节，我建议大家去查一查。

另外，从辅音的分类来看，有170个品牌名称中出现爆破音；132个名称中出现摩擦音；102个名称中出现鼻音；58个名称中出现舌侧音；36个名称中出现破擦音；15个名称中出现半元音。进一步来看，品牌名称当中包含单一类型辅音的，爆破音出现频次最高为15个；两种类型辅音组合中，爆破音和摩擦音的组合出现频次最高为36个，如Oscar；三种类型辅音组合中，爆破音、摩擦音和鼻音的组合出现频次最高为27个，如Science。从音节的重读来看，有101个品牌名称只含重读符号，有44个不含重读和次重读符号，有38个既含重读又含次重读，有15个既含重读又含非重读，有3个不仅含重读和次重读，而且还含有非重读。

三、世界最有价值品牌英文和中文命名模式

最后，为了能够从整体上归纳出世界最有价值品牌名称的共性特征和规律，我们利用上述各要素特征所统计的数据，将样本在各个要素类型中占比最高的进行归纳总结。结果发现世界最有价值品牌，存在两种主要的命名模式（见图9-1）：把各要素特征统计数量占第一位的连线成图，称为第一种命名模式：主要指名称中以一个单词构成的最多，首字母大写的最多，字母（e\a\o\n\i）使用最多，后面是双音节加单元音加爆破音加音节重读的组合最多。将各要素特征统计数量占第二位的连线成图，称为第二种命名模式：主要指名称中由字母缩写构成的较多，所有字母全部大写的较多，字母（r\t\s\c\b）使用较多，后面是三音节加单双组合加摩擦音加音节非重读的组合较多。

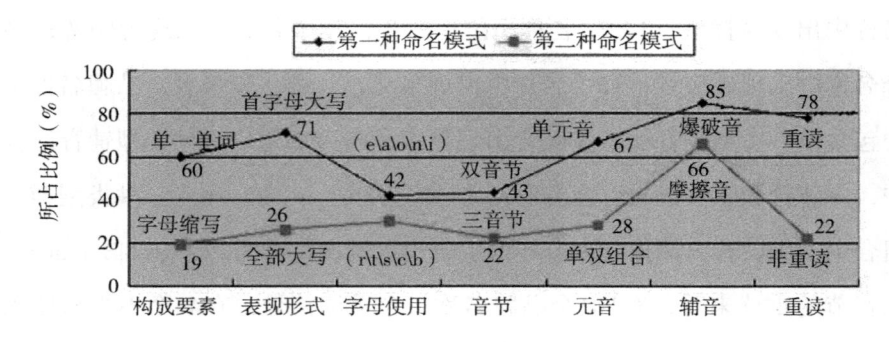

图9-1 世界最有价值品牌命名两种模式

还有就是李飞和李翔老师对世界最有价值品牌中文名称做了研究分析，请参考《中国工业经济》杂志上面的论文《世界最有价值品牌中文名称命名分析》。主要研究英语语系下的品牌名称如何向汉语语系转化，通俗来说就是一个外国企业来中国做生意，该如何起个中国名儿。他们通过对世界上最具价值的100个品牌名称在中国市场的命名进行研究分析，得出两种命名的模式。第一种命名模式是音译法加音译词加双音节加中性词；第二种命名模式是谐音兼义法加偏正式加三音节加褒义词。并且总结为，对于姓氏品牌，就是人名命名的品牌，适合采取第一种命名模式；对于非姓氏命名的品牌，适合采取第二种命名的模式。那么，中国品牌走向国际市场，品牌名称该如何由汉语向英语语系转化呢？因为目前市场上的有效样本还不是很多，所以缺少这方面的研究。但我想这一讲前面讲到的英语语系下品牌命名的一般特征和规律，值得中国企业参考和借鉴。除此之外，还应该考虑品牌自身的来源和当地的文化背景，以及语言特征等要素的影响。

第十讲

品牌标识概述：李宁和农夫山泉

各位读者，大家好，这一讲的主题是品牌标识概述。前面我们强调过对品牌来说很重要的一项功能就是识别自己，区别他人。品牌标识是一种很好的手段和方式。除了品牌名称，还有品牌标识，也就是社会上常说的品牌LOGO。品牌标识是指品牌中可以被识别，但不能用语言表达的视觉识别系统，也就是运用特定的造型、图案、文字、色彩等视觉语言，来表达或象征某一品牌的形象，构成一整套品牌视觉规范。品牌标志分为标志物、标志色、标志字、标志性包装等，它们同品牌名称等都是构成完整品牌概念的基本要素。品牌标识对于品牌传播具有重要的作用。心理学家的研究结论表明：人们凭感觉接收到的外界信息中，83%的印象来自视觉，剩下的11%来自听觉，3.5%来自嗅觉，1.5%通过触觉，另有1%来自口感或味觉。品牌标识正是品牌给消费者视觉的印象，其重要性可见一斑。与品牌名称相比，品牌标识更容易让消费者识别，品牌标识作为品牌形象的集中表现，充当着无声推销员的重要角色。

下面讲两个品牌换标的案例。一个是李宁换标；一个是农夫山泉换标。

一、李宁换标分析

李宁这个品牌大家都知道，如果你在百度里搜李宁换标，各界专业人士及网友对李宁换标的事件持有不同的看法。这个标是怎么换的呢？原来李宁的LOGO像一个旗杆和旗的连体，下面写着"一切皆有可能"几个字。换过之后是什么样呢？这个旗杆与旗分离开了，下面写着"Make The Change"，而且旗杆和旗在线条上少了些圆润，多了些棱角。有人说从美学的角度看，整个标识失去了原来的飘逸、圆润，视觉冲击力远远不及原来那个，而且致命的是，新LOGO的旗杆和旗分成了两部分，这在整体性和终端运用上都不是很理想。但也有网友认为：李宁的新LOGO更加符合国际审美，有助于提升品牌在全球市场的认知度和影响力。这一改变展示了李宁积极拓展海外市场、融入国际时尚潮流的决心。而且，新LOGO的设计更加现代简约，能够吸引年轻消费者的关注，增强他们对品牌的认同感，有助于李宁在竞争激烈的市场中保持活力，与年轻消费群体建立更紧密的联系。再说，换标行动本身就是一种品牌自我革新的体现，彰显了李宁不断探索和创新的精神。这种精神有助于激励企业持续进步，推出更多符合市场需求的新产品和服务。总的来说，李宁的换标事件虽然旨在提升品牌形象和适应市场需求，但在实施过程中遇到了较大的阻力，尤其是新LOGO的设计和定位引发了广泛的争议。对此，我的思考是：换标背后深层次战略意义是什么？我想李宁原来标识当中的那个旗杆就像李宁本人一样，后面的旗子就像李宁集团的员工，旗子和旗杆融为一体，跟着旗杆走。可后来李宁集团需要考虑接班人的问题，在考虑传承的问题时，就提出了去李宁化，减少李宁对集团的影响，这就是换标背后的动机所在。在这里我们祝福李宁及李宁集团，越做越好！

二、农夫山泉换标分析

中央电视台专门为农夫山泉换标拍摄了一集《商道》，标题为《相识十二年为何要变脸》，来说明农夫山泉的换标事件。农夫山泉以前的标识是以浙江省千岛湖的实景为画面的，换标之后是写意风格，就是图案变得抽象了。现在这个水滴状的图案，已经不再特指千岛湖了，而是泛指所有的山水。水滴的上半部分，尖尖的，像山；水滴的下半部分由虚的波浪线组成，像水。新标识意味着农夫山泉的核心业务是水，但又跟山分不开，这就是山水不分家，象征着农夫山泉坚持水源地建厂。这次换标写景的小水滴有三个层次的内涵，如图10-1所示。

```
         小水滴、大世界
              △
             ╱ ╲
            ╱   ╲
           ╱农夫山泉╲
          ╱ 标识内涵 ╲
         ╱           ╲
        ╱─────────────╲
      上善若水        水滴石穿
```

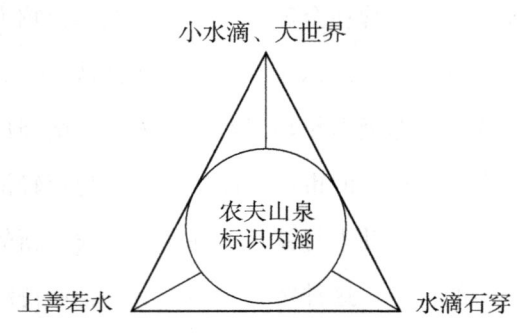

图10-1 农夫山泉换标后的内涵分析

第一个是上善若水，农夫山泉的生产制造，包括企业价值观念当中，都秉持着承担社会责任及保护人类生活家园的信念。农夫选择在大山里面建厂，从自然界中获取水源，有点类似古代的采集社会，就是为了从自然中获取食物，却尽可能地不伤害和改变自然界。第二个是水滴石穿，这么多年来，农夫山泉一直坚持水源地建厂的理念，一直坚持天然水的理念，产品线并不多，也相对聚焦，我认为这是一种水滴石穿的精神所在。第三个是小水滴、大世界。农夫山泉越做越发现人类之渺小，企业之渺小，越来越意识到企业与社会和自然界之间的关系，这就是小水滴折射大世界。另外，从战略上来讲，与以前的标识相比，农夫山泉现在的标识显得更加聚焦、专一和专注。其实换标并不容易，农夫山泉的领导钟睒睒先生说道，换成写意的小水滴，有99%的人都不同意，但钟睒睒先生相信真理是掌握在少数人手里的，因此坚持换标，而且为此付出了巨大的成本。当然，从目前的市场来看，农夫山泉的产品和换标都得到了消费者的普遍认可。

三、品牌标识构成要素

品牌标识设计需要考虑哪些要素呢？品牌标识的设计主要由基本视觉识别系统和延伸视觉识别系统构成。其中，基本视觉识别系统要素包括标志物、标志色、标志线条、标志字、标志性包装等。而延伸视觉识别系统包括辅助图形、吉祥物等。这一讲主要介绍标志物、标志色和标志性线条或几何图形三个方面的设计要点。

首先来看标志物，它作为非语言类的符号，以其直观、精炼的形象诠释着品牌理念，传达着品牌风格，能够有效地克服语言和文字的障碍。标志物可分为具体和抽象两种选择和设计。所谓具体主要指对自然形态进行概括、提炼、取舍、变化，最后构成所需的图案。如人物、动物、植物、风景等自然元素都是品牌标识设计的原型。而抽象主要指运用抽象的几何图形组合传达事物的本质和规律特征，像圆形、弧线、三角形等，达到形有限而意无穷的效果。

其次，就是标志色，色彩在标识设计中起着强化传达感觉和寓意的作用，通过刺激人的视觉而传递不同的寓意。例如，可口可乐标识的红底白字或白底红字都能给人以喜庆、快乐的感觉；而雪碧的绿色却能给人们带来清爽、清凉及回归自然的遐想。不同的颜色会给人不同的联想。例如，白色使人产生的正面联想有纯真、清洁、明快、干净等，使人产生的负面联想有致哀、示弱、投降等。所以在医药行业很少有品牌标识会用到白色。另外，有人发现色彩的饱和度会影响人们对物体体积大小的感知，比如，同样的气球，与饱和度低的相比，人们会认为饱和度高的气球更大一点。

最后，是标志性线条或几何图形。就是人眼有建立完整图形和简化结构的本能要求。由于只有简约的形式才能表现出画面的美感，所以品牌标识设计当中运用线条、形状的首要目的，就是用线条、形状作为画面的主导和基本，组织各元素建立起画面的秩序。同样，不同的线条会让人产生不同的联想。例如，曲线或弧线让人联想柔和、灵活、丰满、美好、优雅、纤弱和有女性感等，而直线则让人联想果断、坚定、刚毅、力量和有男性感。其他线条大家可以参考笔者和黄静老师主编的《品牌管理》教材，里面也提到了包括前面的色彩联想。有的线条在品牌标识中给人比较稳定的感觉，而有的却给人不太稳定的感觉；也有的线条会给人动感，而有的线条却会给人以静态的感觉。还有的几何图形在不同的背景下，会让人感觉有的大一点，有的小一点，这取决于背景的对比效应。当然，这些都是平面的设计，在立体的设计中，也有很多有趣的问题值得思考。例如，看电影时，装爆米花的纸盒子有的是圆柱体，有的是长方体或正方体，如果体积一样，采用圆柱体或正方体设计，哪个会让消费者感觉更大一点呢？

品牌标识的设计，一方面是技术层面的显性操作，呈现给大家的是图案、字体和色彩等构成要素；另一方面是标识寓意的隐性解释，寓意的解释一定要根据显性的要素进行延伸和拓展。另外，根据我们的观察，品牌标识的设计可归结为以下三种。第一种是纯文字的，没有其他要素。这在老字号品牌中较为常见，比如全聚德品牌，一块匾上面就三个字，没有其他。第二种是纯图案的，没有文字，比如耐克品牌，就是一个钩，还有苹果手机，就是一个被咬掉一口的苹果，没有其他。第三种是文字和图案相结合的，如蒙牛的品牌标识。

第十一讲

老字号和假洋品牌命名分析

各位读者，大家好，这一讲的主题是老字号和假洋品牌。在品牌命名的章节讲过老字号品牌的命名特征，也提到过仿洋品牌的命名，但没有讲假洋品牌的内容。接下来，我将围绕这两个内容展开来讲。首先是老字号品牌的标识设计。老字号品牌一般是指在1956年公私合营改造之前，尤其是在中华人民共和国成立之前就已创立、存在并展开经营，后来经社会主义改造，继续以国有、集体、股份等所有制形式延续下来的老品牌。

一、老字号品牌标识设计分析

我们的研究团队，以商务部第一批434个老字号品牌为样本框，剔除75个找不到、不清晰、不完整的无效样本。从权威信息来源，如公司网站、电话调查等，搜集清晰完整的老字号品牌标识共359个。从老字号的年龄来看，基本呈正态分布，最大的年龄不详，例如，山西老陈醋可追溯至3000多年以前，这些老字号平均年龄接近178岁。其中，年龄最为集中的区间为100～200岁，频数最高的是113岁，共计149个，这149个老字号都是在1900年，清朝光绪二十六年创建。

从行业分布来看，大致可以归纳为：食品加工、餐饮住宿、零售业、医药和服务业。食品加工包括对酒类、豆瓣、调味品等的加工；餐饮住宿包括酒店、饭庄、饭店等；零售业包括百货、衣帽、烟酒、茶叶等产品的销售；服务业包括照相、美容美发、摄影等业务。在食品加工、餐饮住宿、零售和医药这四个行业中，老字号品牌占到总样本的83.3%。这说明老字号品牌的创建符合时代发展的背景，既是典型传统行业的体现，也是文化传承的重要载体。

第十一讲　老字号和假洋品牌命名分析

从图文特征分析来看，在359个有效样本中，图文组合标识的最多，有220个；其次为单一文字标识的，有113个；最少的为单一图案标识，有26个。就字形而言，有书法、装饰、混合三种。书法字是指采用政坛要人、社会名流和书法家题字作为品牌标识的一部分，如中国银行、健力宝等。装饰字是指在基本字形的基础上进行装饰加工而成的，一定程度上摆脱了印刷字体字形和笔画的约束，如海尔、科龙的中文标准字体。混合字是指各种字形的组合，例如，谭木匠中的"木"字采用装饰字体，"谭"字采用隶书，"匠"字采用魏碑体。老字号品牌标识设计中，书法字的设计最常被采用，占77.5%，其次是混合字，占15.6%，最不被采用的装饰字仅占6.9%。另外，采用繁体字的有46个，占13.8%，如北京丰泽园、南京韩复兴、四川荣乐园等老字号；采用简体字的有215个，占64.6%，如四川保宁醋、昆明老拨云堂、武汉马应龙等；既有繁体字又有简体字的有72个，占21.6%，如北京一条龙、济南宏济堂、南京马祥兴等。

从图案的特征分析来看，具体图案和抽象图案基本持平。所谓具体图案主要指人物、植物和动物等图案，而抽象图案主要指几何图形。从具体行业来看，在医药、餐饮住宿和食品加工等老字号品牌标识中，与抽象图案相比，具体图案略占上风；而在服务业和零售业中，与具体图案相比，抽象图案则明显要多一些。原因可能在于医药、餐饮住宿及食品加工行业的产品较为具体明确，而服务业的产品无形，零售业则因为涉及产品较多，无法通过具体的图案将消费者的联想转移至品牌或产品上，所以只能通过抽象的图案给消费者更大的想象空间。

从字体色彩统计来看，采用单色字体的共计328个，另外有4个采用双色字体，1个采用三色字体；在色彩组合运用中，红黄两种组合最多。从具体行业来看，食品加工行业使用红、黄、黑、白四种颜色较多；餐饮住宿、零售、服务行业使用红、黄、黑三种颜色较多；医药则使用红、黄两种颜色较多。从图案色彩统计来看，采用单色图案的共计194个，双色图案的25个，三色以上图案的9个，同样在色彩组合当中，红、黄两种组合最多。从具体行业来看，餐饮住宿使用红、黄、绿三种颜色较多；食品加工和零售业使用红、黄两种颜色较多；医药和服务业使用红色较多。由此可见，无论是在字体还是图案中，红、黄两种颜色使用频率都比较高，原因在于红黄色调是中国传统色彩的主要色调，红色暗喻生意红红火火，黄色则代表高贵和权威。

从文化特征分析来看，在246个带有图案的品牌标识中，有一半以上的标识含有吉祥图案。其中医药行业含吉祥图案的占比最高，为67.7%，蕴含该行业品牌能够给患者带来吉祥安康之意。从具体图案来看，按出现的次数从高到低排序为太极、印章、祥云、龙纹、蝙蝠纹、麦穗、凤凰与荷花、孔雀、灵芝、鼎等。

最后，我们总结出老字号品牌标识设计的两种主要模式（见图11-1）：第一种设计模式是：书法字+具象图案+黄色字体+红色图案+含吉祥图案。第二种设计模式是：混合字+抽象图案+红色字体+黄色图案+未含吉祥图案。

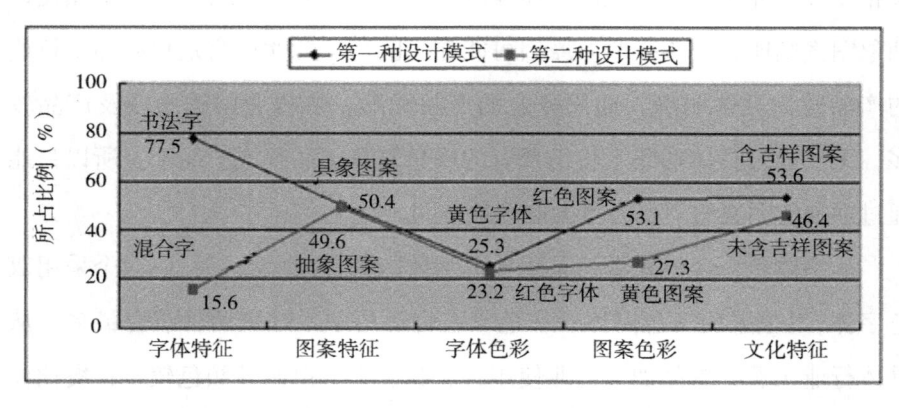

图11-1 老字号品牌标识设计的两种主要模式

二、假洋品牌标识设计分析

其次是假洋品牌的标识设计。我们在前面的课堂讲过品牌来源国效应，也讲过仿洋品牌的命名。那么假洋品牌呢？如果你到百度搜一下，就会发现有很多相关的新闻。比如，"羊头"遮盖下的"狗肉"何其多？假洋品牌为何逍遥中国？国货为何热衷披"洋装"，等等。尽管新闻舆论讨伐之声从未断绝，但假洋品牌在市场上却屡禁不止，尤其是在三、四线城市及乡镇市场，在家具、服装、奶粉等行业问题更加突出。无论是仿洋品牌还是假洋品牌，它们都是在本土文化背景下，对品牌标识的设计，以及品牌形象的塑造和宣传，让本土消费者感觉到该品牌看起来是外国的。所谓仿洋品牌就是产品质量与真正的洋品牌相近或差距不大，我们模仿洋品牌的标识设计，以及品牌形象宣传和塑造，看作一种正当的营销策略。所谓假洋品牌，主要指在产品质量与西方发达国家品牌同类产品存在一定差距的情况下，通过注册地、生产地、组装地、品牌宣传和传播等各种手段，以西方发达国家品牌的风格和形象展示、传递给本土消费者。

这里面有两个点需要注意：一个就是品牌标识所传递的来源国效应，称为暗示来源国，即我们看到某个品牌的标识及宣传风格时，认为它是来自哪个国家的。另一个就是品牌的实际注册地，称为实际来源国。在营销实践中，暗示的来源国有发达和发展中国家之分，而实际的来源国也有发达和发展中国家之分。组合起来就有四种情景，如图11-2所示，在两种来源国一致的情景下，结果是显著的，就是如果暗示和实际来源国都是发展中国家，那么品牌来源国的负面效应是显然的。如果暗示和实际来源国是发达国家，那么品牌来源国的正面效应也是显然的。

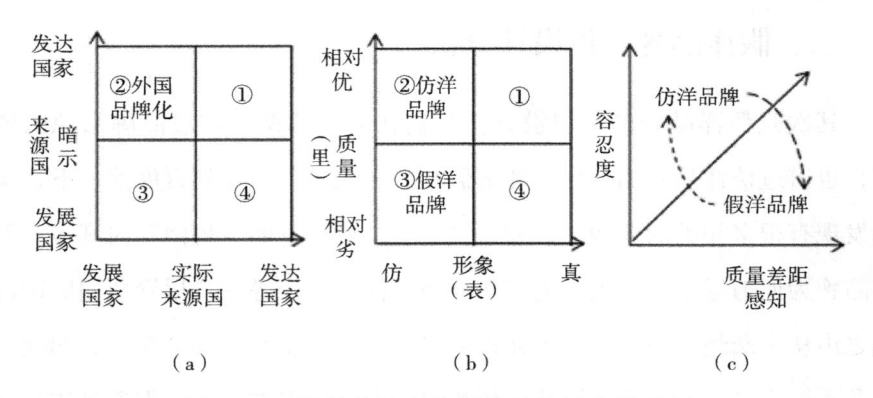

图11-2　假洋品牌和仿洋品牌的界定及区别

当暗示来源国来自发展中国家，实际来源国来自发达国家的时候，就像外资品牌进入中国，采用本土的风格进行品牌宣传，而品牌实际注册地在外国。采用这种不一致的设计是为了更好地进入当地市场。但是当暗示来源国来自发达国家，而实际来源国来自发展中国家的时候，就是我们所说的仿洋品牌或假洋品牌，如图11-2（b）所示。仿和假的区别在于产品质量、价格和形象等属性，与消费者大脑当中所参照的外资品牌期望不一致的感知，是否在消费者的容忍度范围之内，如图11-2（c）所示。采用这种不一致的设计，从认知的角度来看，品牌暗示来源国的形象提升了产品整体质量和不同属性的质量，并且可以作为产生溢价的一种信号或线索；从情感的角度来看，品牌暗示来源国的形象能够提升消费者对产品的象征性和情感性价值相关联的属性，包括社会地位和消费者对他族的态度。

最后，总结一下，这一讲主要讨论了老字号品牌标识设计的一些具体特征分析，如图案、文字和色彩等，总结出两种老字号品牌标识设计的模式。还讲了假洋品牌的定义、仿洋品牌的区别及暗示来源国和实际来源国。

第十二讲

品牌标识的凸显和不完整

各位读者，大家好，这一讲的主题是品牌标识的凸显和不完整。这两个知识点主要想说明品牌标识设计的一些具体策略，而这些策略背后又存在一些科学的逻辑。首先是品牌标识的凸显设计。以下内容主要参考市场营销专业国际一流学术期刊 Journal of Marketing 上的一篇文章，说的是企业在设计品牌LOGO时，有的LOGO在产品上看起来很大，有的LOGO在产品上看起来很小，甚至是没有。举一个日常生活中的例子，有一次，我有一个同事穿了一件POLO的T恤衫，胸口上绣着一个很大的POLO的品牌标识，几乎占了半个胸部。我就问他，这好像不是你的风格啊，平时为人那么低调，怎么会穿一件那么高调的衣服呢？结果他说，你说得对，这是我老婆买的。由此可见，品牌LOGO的大小对人们的偏好有很大的影响。

一、品牌LOGO凸显的购买动机

接下来，我想问大家，面对一个品牌的产品，上面印着很大很大的LOGO，而另外一个产品上印着很小很小的LOGO，假设产品都是一样的，你会选择买哪一个呢？买大LOGO的是什么动机？买小LOGO的又是什么动机呢？比如，有的奢侈品品牌就是这么做的，像奔驰、LV等，你有没有见过奔驰车和LV包上面，印有自己的品牌LOGO，大大的那种？有没有见过印有自己品牌小小的那种呢？如果没有，那你不妨到网上查一查，确实是存在的。在很多课堂上，我都问过消费者买大LOGO和小LOGO的动机，回答基本上都是类似的。无非是买大LOGO的比较高调张扬；买小LOGO的比较低调内敛。这样的答案其实都是从消费者个体出发来回答的，而没有从消费者群体视角进行思考。从品牌的内涵来讲，品牌不仅代表和反映了使用者的个性表达，而且还是人们进行社交的重要工具或媒介。

二、品牌LOGO凸显与不同消费者群体间的关系

我们再看一下品牌的使用者，这篇文章的作者将品牌使用者根据拥有财富的多少和社会地位的高低进行了划分，最终分为四类人群，如图12-1所示。第一类是不富不贵的人，第二类是贵而不富的人，第三类是富而不贵的人，第四类是即富且贵的人。对于奢侈品品牌，第一类人是买大LOGO还是小LOGO呢？大家要问买得起吗？这不是大小的问题，一般都是买不起的。那么，第二类人呢？他们是买大LOGO还是小LOGO呢？这类人买不起真的，可以买仿的，或者是山寨的，所以这个也不存在买大的还是小的问题。第三类人呢？他们是买大LOGO还是小LOGO呢？显然，他们买大LOGO。第四类人呢？他们是买大LOGO还是小LOGO呢？显然，他们买小LOGO。

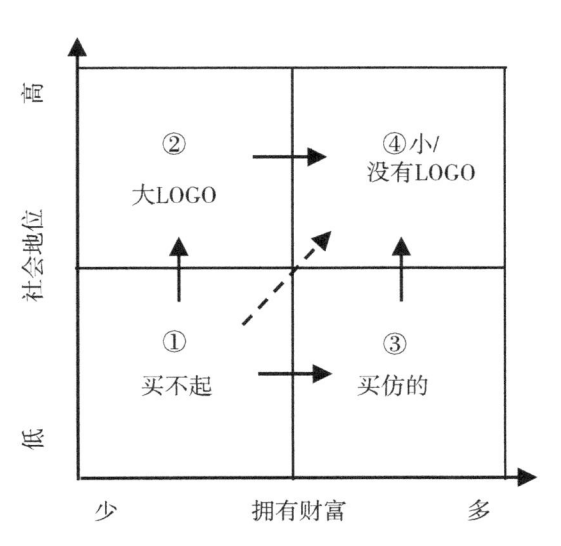

图12-1 不同消费群体购买品牌logo凸显的动机分析

那么，我们再回头看购买大LOGO和小LOGO的动机。通常，同学们的回答往往局限于个体思维的范畴。然而，倘若我们将品牌视为社交的载体与媒介，那么另一种深层次的动机便会豁然开朗，更易于我们理解。在此，我想探究一个问题：作为既无财富又无地位的你，内心是否渴望与有财富的人为伍？是否期盼与有地位的人士相伴？又是否梦想与真正的贵族并肩？倘若你断言不想，那或许并非你的真心话。实则，从社会阶层的视角审视，一般而言，次优的群体都希望能够接近更优群体的人群，而且希望能够融入他们，并且有朝一日成为他们。显然，前面讲的第一类不如第二类和第三类人群，而第二类和第三类又不如第四类人群。所以，每一类次优群体的人们都希望通过品牌的使用来释放一种信号，表达自己的身份和地位，除此之外，还希望能够融入更优的群体。

但我反过来问大家，更优的群体是否希望跟次优的群体在一起或者融入他们呢？显然，是不愿意的。因此，次优的群体愿意融入更优的群体，就买印有大LOGO的产品；而更优为了排斥次优群体的融入，就会买印有小LOGO的产品。另外，品牌LOGO凸显的大小与价格也有很大的关系，基于上面的分析，我问大家是LOGO越大的产品价格越高，还是LOGO越小的产品价格越高呢？显然，LOGO越小价格会越高。所以，各位在买奢侈品品牌的时候，是买大LOGO还是小LOGO呢？

三、消费者对品牌标识完整与否感知的逻辑分析

第二个要讲的例子是品牌标识的完整性。以下内容也是参考发表在我们市场营销专业国际一流期刊 *Journal of Marketing* 上的一篇文章。大家都知道，苹果手机的标识是被咬掉一口的苹果。这一口引起人们广泛的联

第十二讲 品牌标识的凸显和不完整

想，在网上有很多种说法，但是苹果公司从来没有发布过官方的解释。后来，在乔布斯去世以后，香港有一个大学生将乔布斯的头像嵌入缺少的那一口当中，发给苹果公司，我觉得就很有想象力，当然，没有被苹果公司所采用。我想设计这个LOGO的目的在于留一口在那儿，它有无限的可能，而一旦补上了，就破坏了它的想象力。其实，在营销实践中类似的设计还有很多，如IBM的标识，以前这三个字母都是实的，看起来很呆板、很严肃的样子。后来，IBM把它改成镂空的字母，就相对轻松很多。

作者从三个方面进行了推理。首先，从生理科学的角度来看，当人们看到不完整的东西时，会本能自发地去搜寻不完整的东西去哪里了，比如我在黑板上画一个圆，但是缺少一部分弧线，那么，你的视觉就会本能地搜寻缺少的那一块。其次，从文学的角度来看，你看古人不管是写诗还是作词，有的时候经常是写完上句，留下句让你来填，就是这个道理——留出足够的想象空间。最后，从艺术的角度来看，残缺的才是美的，如断臂的维纳斯，少的那条胳膊引起人们很多联想，于是就创造了很多故事。所以，从上面三个领域的推导来看，品牌LOGO在设计上的不完整，给人留出了想象的空间，这种想象的空间，让人觉得这个公司富有创新的能力。但不管是完整的LOGO设计还是不完整的LOGO设计，都各有利弊。与完整的LOGO相比，不完整的LOGO会让消费者觉得更有趣，从而引发消费者对公司创新能力的认知和评价，但同时降低了消费者对公司的信任；相反，与不完整的LOGO相比，完整的LOGO会让消费者觉得更加清晰，从而引发消费者对公司的信任感知，但同时降低了消费者对公司创新能力的认知，如图12-2所示。

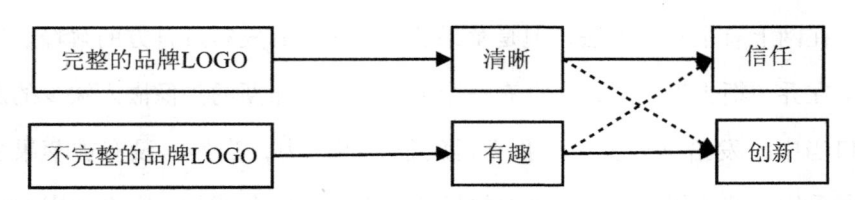

```
完整的品牌LOGO  →  清晰  →  信任
不完整的品牌LOGO →  有趣  →  创新
```

图12-2　消费者对品牌LOGO完整与否感知的逻辑分析

例如，我们在路上偶遇，初次见面，大家随意聊天，过程中难免有时会问到年龄的问题。假如你问我："王老师你今年有多大？""告诉你，我今年38岁。"这么一问一答，这天就被聊死了。你这个时候可能会觉得王老师这人挺实在，问啥讲啥，提高了信任，但同时也会觉得我个人没意思。还有一种可能，假如你问我："王老师你今年有多大？"我说："你猜？"这个时候，你也许觉得我这个人有点意思，但又太"油"了，虽然觉得我这个人有趣，但又显得不太靠谱。所以，鱼和熊掌难以兼得。这篇文章研究的品牌LOGO完整和不完整的结论，大概就是这个意思。

最后，总结一下，这一讲我主要讲了品牌标识设计的两种策略。一种是品牌LOGO凸显的程度；另一种是品牌LOGO完整还是不完整的设计。

第十三讲

品牌个性的维度：一个人就是一个品牌的精气神

各位读者，大家好，这一讲的主题是品牌个性的维度。在讲这个内容之前，我先对品牌个性的概念做个简单的介绍。20世纪50年代，为了对品牌内涵进一步挖掘，美国有一家广告公司提出了品牌性格哲学，与此同时，在太平洋的对岸，日本教授小林太三郎提出了企业性格论。双方不谋而合，后来形成了广告创意策略中的一个流派，叫品牌个性论。该流派认为在广告宣传中，品牌不只是说利益、说形象，更要说个性。再后来，有不少学者开始以人际个性维度理论为基础，展开了品牌个性维度的学术研究。品牌个性提出的前提是万物有灵论，说的是当人们认为万物是有生命的时候，品牌才有个性可言。个性在心理学中，指的是一个人所具有的稳定而持久的特征，它包括能力、气质、性格和兴趣。应用到品牌领域，就是一种拟人化的说法，将品牌人格化。通俗一点说，就是企业在打造品牌时，从正确的定位出发，进行持续不断的有效沟通，从而产生品牌差异，这种差异性就是品牌的个性。当然品牌个性要具备内在的稳定性和外在的区隔性两个基本特征。

一、西方文化背景下的品牌个性维度

关于品牌个性维度的研究，是从美国学者詹妮弗·阿克，在 *Journal of Marketing Research* 上发表的论文《品牌个性的维度》（*Dimensions of Brand Personality*）开始的。在国内主要是以黄胜兵和卢泰宏两位老师，在《南开管理评论》上发表的论文《品牌个性维度的本土化研究》为代表。其实这两篇论文的作者在研究品牌个性维度的时候，都是以人格个性的大五维度为基础的。第一个维度是神经质，它的组成部分包括焦虑、生气敌

第十三讲　品牌个性的维度：一个人就是一个品牌的精气神

意、沮丧、自我意识、冲动性、脆弱性；第二个维度是外向性，主要包括热情、乐群性、独断性、忙碌、寻求刺激、积极情绪；第三个维度是开放性，主要包括想象力、审美、感受丰富、尝新、思辨、价值观；第四个维度是随和性，主要包括信赖、直率、利他、顺从、谦逊、慈善；第五个维度是责任心，主要包括胜任力、条理性、尽责、追求成就、自律、深思熟虑。

根据人际当中的人格大五维度，以及个性心理学维度的研究方法，有学者发展了一个系统的品牌个性维度的测评量表。该测评量表是一个由631人组成的样本，通过对40个品牌的114个个性特征评价而得来的。在这套量表中，品牌个性被分为五个维度：纯真、刺激、称职、教养和粗犷。如果这五个维度算一级指标的话，那么它们下面还有15个二级指标，例如，纯真这个维度下面包括纯朴、诚实、有益、愉快；刺激包括大胆、有朝气、富于想象、最新；称职包括可信赖、聪明、成功；教养包括上层阶级、迷人；粗犷包括户外和强韧。每个二级指标下面，还包括很多品牌人格特性的词汇描述，将所有的加起来总共有64个描绘词语（见表13-1）。

表13-1　品牌个性的大五维度及其组成

维度	指标	描绘词语
纯真 （如柯达）	纯朴	家庭为重的、小镇的、循规蹈矩的、蓝领的、美国的
	诚实	诚心的、真实的、道德的、有思想的、沉稳的
	有益	新颖的、诚恳的、永不衰老的、传统的
	愉快	感情的、友善的、温暖的、快乐的
刺激 （如保时捷）	大胆	极时髦的、刺激的、不规律的、华丽的、煽动性的
	有朝气	冷酷的、年轻的、活力充沛的、外向的、冒险的
	富于想象	独特的、风趣的、令人吃惊的、有鉴别力的、好玩的
	最新	独立的、现代的、创新的、积极的

续表

维度	指标	描绘词语
称职 （如IBM）	可信赖	勤奋的、安全的、有效率的、可靠的、小心的
	聪明	技术的、团体的、严肃的
	成功	领导者、有信心的、有影响力的
教养 （如奔驰）	上层阶级	有魅力的、好看的、自负的、世故的
	迷人	女性的、流畅的、性感的、高尚的
粗犷 （如万宝路）	户外	男人气概的、西部的、活跃的、运动的
	强韧	粗犷的、强壮的、不愚蠢的、有力的

（资料来源：Jennifer L. Aaker（1997），Dimensions of Brand Personality [J]. Journal of Marketing Research, August, 347-356.）

后来，阿克为了探索品牌个性维度的文化差异性，对日本和西班牙这两个分别来自东方文化和拉丁文化的代表国家的品牌个性维度和结构进行了探索和检验，并结合美国品牌个性的研究结果，对三个国家的品牌个性维度变化及原因进行了对比分析。结果发现，美国品牌个性维度的独特性是强壮，而日本的是平和，西班牙的是热情或有激情。

二、中国文化背景下的品牌个性维度

我国学者黄胜兵和卢泰宏老师为了研究中国品牌的个性维度，采用词汇法、因子分析和特质论等方法，以中文语言、中国品牌为内容和研究对象，研究出中国品牌个性维度及量表，并从中国传统文化角度阐释了中国品牌个性的五大维度（见图13-1）：仁、智、勇、乐、雅。仁包括平和、环保、和谐、仁慈、家庭、温馨、经济、正直、义气等词汇；智包括专业、权威、信赖、专家、领导、沉稳、成熟、责任、严谨等词汇；勇包括勇敢、威严、果断、动感、奔放、强壮、新颖、粗犷等词汇；乐包括欢

第十三讲　品牌个性的维度：一个人就是一个品牌的精气神

乐、吉祥、乐观、自信、积极、酷、时尚等词汇；雅包括高雅、浪漫、品位、体面、气派、魅力、美丽等词汇。之后，卢泰宏和黄胜兵两位老师还将本土化品牌个性与美国、日本两个国家的品牌个性维度进行了跨文化的比较研究。结果表明：仁、智、雅这三个维度具有较强的跨文化一致性，这是共性；仁是中国品牌个性中最具有文化特色的一个维度，其次是乐；中国与美国相比，品牌个性的差异性表现为中国更加强调群体性利益，而美国更加重视个人利益，强调个性的表现；而中国与日本相比，中国品牌个性中存在着勇，而日本的品牌中则不存在单独的维度。

仁
平和、环保、和谐、
仁慈、家庭、温馨、
经济、正直、义气

勇
勇敢、威严、果断、
动感、奔放、强壮、
新颖、粗犷

本土化品牌
个性维度

智
专业、权威、信赖、
专家、领导、沉稳、
成熟、责任、严谨

乐
欢乐、吉祥、乐观、
自信、积极、酷、
时尚

雅
高雅、浪漫、品位、
体面、气派、魅力、
美丽

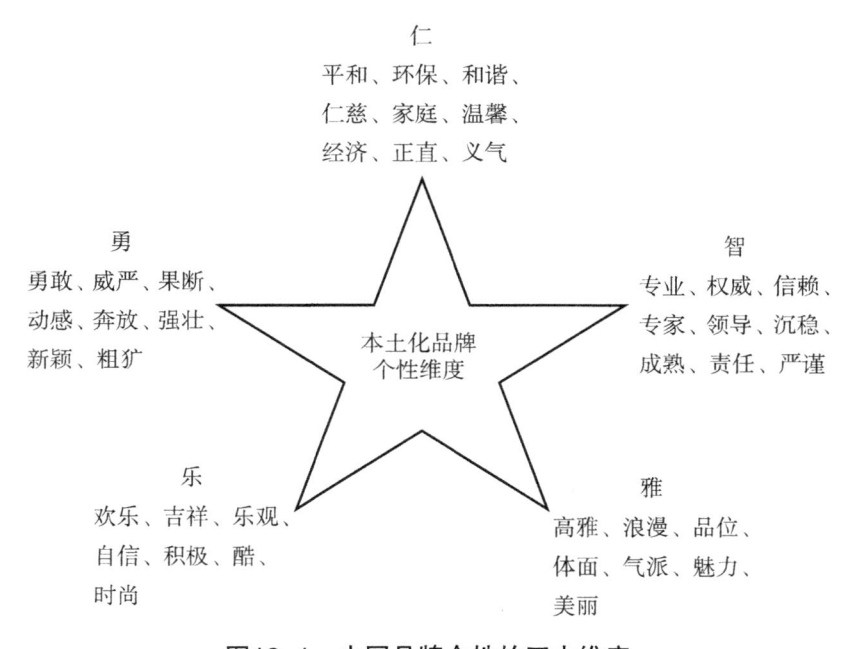

图13-1　中国品牌个性的五大维度

资料来源：黄胜兵，卢泰宏.品牌个性维度的本土化研究[J].南开管理评论，2003（1）.

品牌个性如同人的个性一样复杂多变。许多品牌是诸多个性要素的混合体，一个品牌多少掺杂了不同程度的五大个性要素，最终合成复杂的个性。若某个个性特征的占比较大，品牌在整体上则显示出该项个性特征。例如，李维斯牛仔裤在纯真、刺激、称职和粗犷几个方面的特征都非常明显，但是粗犷、有男子气概的、运动的个性是其主要的指标。另外，在品牌个性维度的选择中，产品类别也起到一定的作用。例如，在汽车行业、运动器材行业、化妆品行业等，最常运用的品牌个性特征是刺激的维度，如大胆、有朝气、想象力等；但在银行单位或保险公司则会倾向于定位成典型的银行家个性，如严肃的、有信心的、上层阶级的、成熟的。

三、品牌个性的来源和塑造

接下来是品牌个性的来源和塑造。品牌即使有生命，但它毕竟还是物，不是人。所以品牌个性的来源和塑造，很大程度上还是取决于人，这个人会是谁呢？主要指企业家。一个企业家是什么个性，他所创建的品牌就会是什么个性。例如，苹果的品牌个性来源于乔布斯，万科的品牌个性来源于王石先生，海尔的品牌个性来源于张瑞敏先生。一个企业对外展现的是一个人的精气神，同样一个门店对外展现的也是一个人的精气神。因为无论是一线的决策还是思维习惯，员工很大程度上都会受公司内部企业家精神或价值观念的影响。这就是物背后反映人的意识，也可以视为观物取象。据民间传说，朱元璋在任的时候，有一年大学考试完成之后，需要殿试，朱元璋要给考生出题目。大家知道，朱元璋也没读过什么书，大字不识几个，思来想去，决定结合自己擅长的事情给考生出题。他找人抬了三箩筐稻谷到大殿上，然后问考生这三箩筐稻谷有什么区别。这些读书人没怎么干过农活，一下子都被问住了。但这些读书人还是用双手捧出稻谷，靠近仔细观察，可是依然无法辨别。之后，朱元璋就走过去，弯腰用

第十三讲　品牌个性的维度：一个人就是一个品牌的精气神

手逐一摸过之后，有的还放在嘴里嚼一嚼。然后告诉那些考生说，第一筐颗粒饱满，来自扬州，说明那里的管理者是个干吏；第二筐潮湿有霉味，来自国家粮食储备库，说明那里的管理者是个庸官；第三筐有杂草沙土充斥，来自军队后勤，说明那里的管理者是个贪官。

通过前台的物，洞察到背后人的意识，并做出预判，这是一项本领。这个故事说明，任何一个品牌的个性，很大程度上都来源和取决于它的创始人的个性。并且在品牌个性的塑造过程中，企业家也起着举足轻重的作用。一方面是因为企业家代表着整个组织，是企业拟人化的象征。另一方面是因为消费者通过企业家或品牌代言人的联想，来认知和理解品牌个性的特征，在营销实践中，企业家与企业品牌往往存在极大的相关性。而品牌个性正是基于消费者记忆中所形成强有力的偏好和独特的联想而产生的。因此，具有独特个性的企业家常常会把自己的个性转移到品牌上，作为社会公众人物的领导人更是如此，这是形成品牌个性的一个重要来源。

第十四讲

品牌形象构成要素：德才兼备

各位读者，大家好，这一讲的主题是品牌形象的构成要素。首先什么是形象？《牛津字典》对Image的定义为：指个人、组织或产品给大众的印象；也可以指人或事物看起来，在脑海中所呈现的画面；也可以指以照片或塑像的形式复制的人或事物；也可以指透过相机、电视或计算机反射的影像，看起来犹如镜子的反射；也可以指以虚构的字或措辞形容的事物。《韦氏字典》把Image定义为：对人或物的再造或仿造；特别是对具体外形的仿造；利用摄影技巧所产生出的相似对象；心理对实际不存在事物的想象；鲜明或生动的图像或描写，等等。无论是哪种定义，都说明了共同的特征，即形象是指主体与客体间的相互作用，主体在一定的知觉情境下，采用一定的知觉方式对客体进行感知。从心理学角度来讲，形象是反映客体而产生的一种心理图式，感知是人们对感性刺激进行选择、组织并解释为有意义的相关图像的过程。从受众角度来看，形象实际上是经过一段时间，通过处理不同来源的信息，所形成的对有关对象的总体感知。

一、品牌形象的定义

那么，什么是品牌形象呢？从消费者视角的研究结果表明：品牌形象是消费者对品牌所产生的知觉，是消费者对品牌持有的信念与态度，是消费者对品牌特征的感觉或印象，是消费者对品牌所有印象感知的总和，包括所有与品牌有关的人和事。从品牌视角的研究结果表明：品牌形象是品牌的人格特质的体现，强调品牌人性化的特征，如品牌个性、品牌气质，注重非功能性利益、品牌的精神意义和产品传播的信息。如果把两个视角结合起来，品牌形象是指品牌的特质与消费者的感觉、消费者情绪的串联，品牌形象不仅代表着品牌的象征性效用，而且也代表着消费者购买的象征性符号。综上所述，品牌形象是消费者头脑中所持有的关于品牌的所有认知、联想、评价的总和，受所有与品牌相关的人和事的影响。请大家思考以下几个问题：品牌形象和品牌个性、品牌定位及品牌声誉有什么不同？它们之间的联系和区别是什么？

二、品牌形象的构成要素

品牌形象不是一个单层的概念，而是一个内涵丰富的多层面、立体式的概念。品牌形象的构成主要包括三个层面的东西：第一个是核心层面的品牌形象内涵，包括品牌文化、品牌个性等要素；第二个是中间层面，主要指品牌形象的载体，包括产品本身、使用者等实体；第三个是外在层面，主要指品牌形象符号，包括品牌名称、品牌标识等。虽然大家对品牌形象的三个层次基本达成共识，但对品牌形象的具体构成要素存在较大的分歧。这种分歧并不主要体现在与产品相关的物质和功能要素方面，更多的是体现在与产品无关的社会要素和心理要素方面。

下面介绍三种品牌形象构成要素模型（见图14-1）。

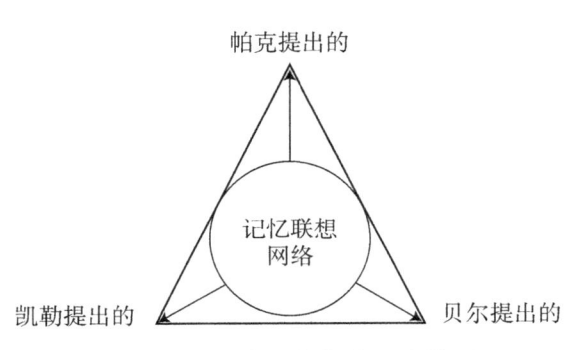

图14-1 品牌形象构成要素模型

第一种是以帕克为代表的学者提出来的。他们以消费者需求为出发点，将品牌形象分为三类：第一是功能价值品牌形象，侧重于解决消费者的外在需求，也就是与产品消费相关的现实问题，如海飞丝的去头皮屑功能。第二是情感价值品牌形象，是指在消费者情感需求的基础上，通过所提供的产品给消费者带来内在的愉悦感、多样化和认知方面的刺激。例如，很多景点的旅游宣传，以及一些礼品的品牌传播。第三是象征价值品牌形象，侧重于满足消费者的内在需求，例如自我表达或社会地位等心理，如爱马仕等奢侈品品牌，还有就是钻石、珠宝等品牌。由此可见，产品所属的行业，或者是产品的定位不同，在品牌形象塑造及传播过程中，它的侧重点就会不同。

第二种是以凯勒为代表的学者提出来的。他们的这个品牌形象测评模型是以消费者为基础的品牌资产模型转化而来的。他们把品牌形象定义为消费者对品牌的感知，由消费者记忆中的品牌联想反映出来。其主要包括四个维度：第一个维度是品牌联想的类别。其又包括三个方面：属性、态度和利益。属性主要是用来描述产品或服务特征的，例如买电脑时，CPU、内存、价格、重量等都是具体的属性；态度主要是指消费者对品牌形象的总体评价；利益主要是指产品能为消费者带来什么样的用途，或带来什么样的利益。这个利益主要包括功能、情感和象征三个方面。第二个维度是品牌联想的偏爱，主要是指消费者相信品牌能满足他们需求的属性和利益，并且希望获得这些属性和利益的联想。第三个维度是品牌联想的强度，主要是指与品牌相关的信息被激发出来的难易程度，越容易激发出来的信息，就会产生越强的品牌联想。值得说明的一点是，品牌之间的联想存在非对称的关系，例如，你看到海飞丝可能花10秒才想起宝洁，但是你看到宝洁可能只花2秒就能想起海飞丝。这个结果就是非对称的。第四个维度是品牌联想的独特性，主要是指品牌带给消费者的联想是异于竞争品牌的，是品牌所独占的卖点。例如，保健品中的脑白金，与其他保健品不同，脑白金它还是礼品，这就是脑白金独特的卖点。

第三种品牌形象模型是由贝尔团队提出来的。他们认为，品牌形象由企业形象、产品形象和使用者形象三个方面构成。首先来看企业形象，它包括有关企业的全部信息和使用企业产品的相关经验。主要包括企业的历史、出生地、创立时间、创始人等，以及企业的规模实力、企业的社会营销意识等信息。产品形象是指产品能给消费者带来的使用利益，包括产品的价格、包装、外观等。使用者形象主要是指品牌使用者的人口统计特征、个性、生活方式、价值观等。这三个不同的子形象对品牌形象的贡献依据不同的产品或品牌可能会有不同。它们通过消费者产生联想而存在于大脑中，这些联想又可以分为硬性和软性两个方面。其中，每个形象要素都由软性和硬性两个属性的联想构成，软属性指品牌的情感特性，如快乐、刺激、值得信赖等；硬属性指有形的或功能属性，如公司历史、拥有的技术及配套的服务等。相对于硬属性来说，软属性不易被模仿，因此能够创造比较持久的品牌差异，对形成品牌的竞争力更为重要。

三、记忆联想网络及品牌形象概括

还有一种品牌形象模型是关于记忆联想网络的。也就是说消费者看到某个品牌，或者某个场景，或者某个人、某个物品，通过记忆所产生的一个网络。在这个网络中，对某个品牌有可能存在积极正面的联想，也有可能存在消极负面的联想。如果积极正面的数量和权重大于消极负面的，那么，最终的结果就是正面评价；反之，就是负面评价。例如，大家看到麦当劳，会想起汉堡、大写的金色M、金拱门、肯德基、孩子等一系列的记忆节点都被唤醒。那么，这个复杂的、大量的、靠记忆所组成的联想网络对品牌形象来说非常重要，也非常有价值。如果消费者对一个品牌购买或消费了很多次，或者是一次，之后并没有留下记忆，那是非常失败的。为什么没有记忆呢？就是做品牌的人，没有用心思考，没有用心去做，做品牌一定要在消费者心目中刻下烙印，留下清晰的记忆。如何做到这一点呢？大家自己去想。

还有一个要说明的是，简单来说品牌形象可概括为两个方面（见图14-2），一个是德，一个是才。所谓德主要指社会责任，就是人家觉得你是个好人；所谓才主要指产品和服务质量过硬，就是人家觉得你是个能人。如果你既是好人，又是能人，大家会不会愿意跟你交往呢？做品牌也是一样的道理。这一点西方学者有研究，品牌形象包括两个方面，一个是温暖的，一个是有能力的，他们认为非营利性组织给人感觉更加温暖，而营利性组织给人感觉更加有能力。其实，德和才并不是相互排斥的，在品牌塑造的过程中，好人和能人是可以兼容的。

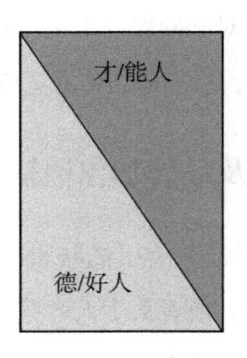

图14-2 品牌形象概括

第十五讲

品牌形象的塑造：门店内外做好人和做好事

| 品牌管理思维三十三讲

各位读者，大家好，这一讲的主题是品牌形象的塑造。关于品牌形象的塑造，有三种途径。第一种是品牌背后企业家的精神和价值观的注入。第二种是品牌传播过程中的一些做法。第三种是一线门店终端销售或服务人员与消费者之间的互动。其中，第一种是单向传递，也就是企业家可以展示自己的行为和形象，但消费者很难与企业家面对面地互动。第二种是通过品牌进行形象宣传和沟通，传播的主体是一个虚拟的载体。这一点在品牌传播章节会详细说明。第三种是双向互动，因为终端销售或服务人员是企业的边界人员，能够与消费者面对面地互动。这一讲主要介绍企业家和终端门店怎么做才能塑造良好的品牌形象。

一、四大名著对品牌形象塑造的启发

比如我国四大名著中的人物形象的塑造。在《西游记》《红楼梦》《水浒传》《三国演义》中，人物众多，场面宏大，如果人物形象不够鲜明，读者就会看着后面的忘掉前面的。大家要思考的问题是，这些人物是如何给读者留下深刻印象的，他们是不是外貌比较独特？是不是使用的兵器比较独特？是不是有自己的绝活？是不是性格特征比较明显？是不是身上有独特的故事？这些特点有内在的，也有外在的。包括现在比较火的电视节目主持人，他们也会刻意地打造自己的形象，有的光头，有的戴眼镜，有的留胡子，有的写书，有的开店，有的打麻将，有的跳舞，还有的端庄大方，显得非常博学，等等。这些其实都是打造个人独特形象的构成要素，丰富读者和观众对他们的联想节点。

第十五讲 品牌形象的塑造：门店内外做好人和做好事

二、企业家言行对品牌形象塑造的影响

为什么要讲企业家，而不讲其他的一般员工呢？因为企业家的一言一行，一举一动对品牌形象有着举足轻重的影响。大家都知道，企业家除了扮演着企业内部的经营管理者和领导者之外，对外他还是企业的发言人、联络者，甚至是人们熟悉的有影响力的公众人物。举个例子来说，请思考是你们单位的一把手对品牌形象影响大，还是你对品牌形象的影响大？答案是显然的。在对品牌形象的塑造过程中，企业家又可以分为两类。一类是不愿频繁曝光自己，只想着从内部踏踏实实地做好品牌经营管理的，这是做事；一类是喜欢频繁曝光自己的，希望能够通过自己的代言来提升品牌形象的，这是做人。这两类做法无关对错，只是选择不同而已。

总的来讲，这两类企业家背后的动机就是趋利避害。首先是趋利。这个利是广义的利，它又可以分为名和狭义的利，其中，名是指品牌，可以说是企业的品牌，也可以说是企业家的个人品牌，侧重于社会效益。狭义的利主要指企业的经济利益。企业家做品牌的三种途径（见图15-1）：第一种是先求名，这个名指品牌，后求利，这个利指产品销售；第二种是先求利，后求名；第三种是名利同步。大家可以在纸上根据名和利两个维度画个图，名可以分为有名和无名，利可以分为多和少。很多品牌的起点都在无名和利少这个象限，由此出发，目标名利双收，但路径选择上有的先求名，后求利；有的先求利，后求名，殊途同归。企业家追名逐利的路径与做品牌的途径在逻辑上是类似的。

099

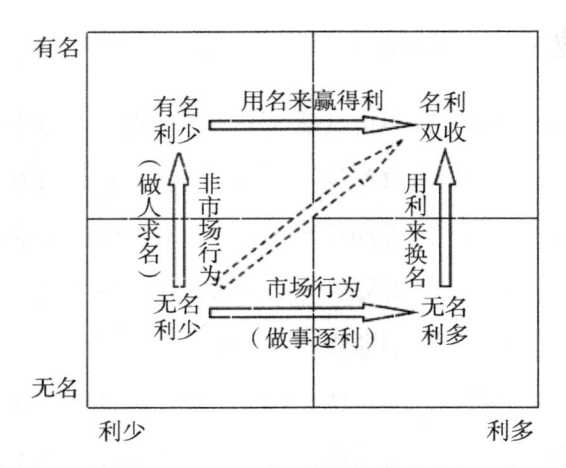

图15-1 企业家做品牌的三种途径

  企业家做品牌实际上就是做人和做事。这一点华中科技大学的田志龙老师及其团队早年做过一项研究。他们以宝洁、新希望、海尔三家企业为样本，分别代表外资、民企和国企，从它们的网站上抓取公司对高层领导活动的新闻标题，然后根据市场行为和非市场行为，对这些活动进行分类。其中，市场行为主要指与企业经营管理直接相关的行为，如新产品发布会等；非市场行为主要指与企业经营管理没有直接相关关系的行为，如慈善捐赠等。研究发现，国企、外资和民企的高层领导在市场行为和非市场行为两个方面的占比，存在显著的差异。具体谁高谁低，大家可以先想想，然后参考田志龙老师的那篇论文看一看。

  其次是避害。为什么有的企业家选择低调，不愿成为社会公众人物呢？因为企业家行为对品牌形象来说是一把双刃剑，用得好会对企业品牌形象起促进作用，用得不好对企业品牌形象有伤害。俗话说，人非圣贤，孰能无过？常在河边走，哪能不湿鞋？企业家长期在社会公众的视野曝光，稍有不慎就会对品牌形象造成伤害。

三、门店内外做好人好事

最后，一线门店如何做才能更好地塑造品牌形象？大家可以画两个维度，纵坐标是做好事和做好人；横坐标是门店内和门店外，组合成四个象限，如图15-2所示，左边是在门店内"做好"事、"做好"人。主要是加强门店的产品质量和服务质量，大家可以仔细检查自己门店的产品是否已经做到艺术品的程度，如果没有，请继续改进；如果有，请思考在日复一日、年复一年的过程中，产品该做哪些创新和变化，以保持其生命力。其次是仔细检阅自己门店的服务是否还有改进的空间，目前的状态是处于最初级的服务水平，还是已经到了标准化的服务水平，当然最高的应该是个性化、高质量的服务水平。个性化是指根据客人的不同而个性化，高质量是指门店所提供的服务要有内涵，这个内涵更多的要体现服务人员的知识水平、问题解决方案等，能够增加产品和服务的附加值，没有固定的标准。

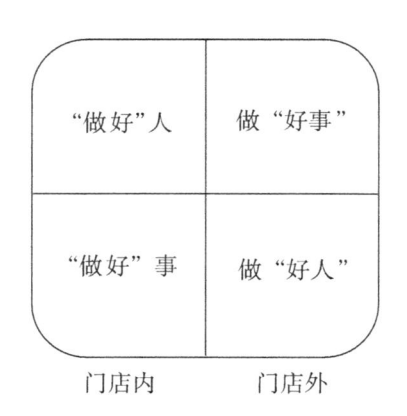

"做好"人	做"好事"
"做好"事	做"好人"
门店内	门店外

图15-2　门店内外做好人好事

右边是鼓励员工去门店外做"好事"、做"好人"。例如，门店周边的社区或商区。当然，这个做"好事"、做"好人"并不是一定要打着门店品牌的旗号去做，而是做了就做了，别人问就说是哪个品牌做的，别人不问就不说，不带功利或目的性。当门店生意不忙时，可以让员工到门店周边做"好事"、做"好人"。这样可以做对社会有意义的事情，门店和周边社区或商区是鱼和水的关系，企业或品牌与社会也是鱼和水的关系。鱼要想活得好，自由自在，就要跟水保持和谐的关系，不能分离。长此以往，门店的声誉和口碑就会慢慢好起来，也会带动门店内的流量和生意。否则，坐在门店被动等待接收订单，流量和生意都会受到局限。

总结一下，这一讲主要讨论了品牌形象塑造的三种路径，一是先求名，后求利；二是先求利，后求名；三是名利同步。另外，品牌形象塑造两个方面的来源，一个来源是企业家行为对品牌形象的影响，要注意企业家行为符合一定的社会规范标准，否则很有可能会对品牌形象造成伤害。另一个来源是终端门店，不仅要店内做好事，做好人；更要店外做好事，做好人。这是鱼和水之间的关系。

第十六讲

品牌资产：支付宝、腾讯和中惠集团

各位读者，大家好，这一讲的主题是品牌资产。它的定义有很多，例如，有人认为品牌资产指与没有品牌的产品相比，品牌给产品带来的超越其使用价值的附加价值或附加利益。也有人认为品牌资产是指与品牌、名称和标识等相关的一系列资产或负债，可以增加或减少通过产品或服务给企业或顾客所带来的价值。还有人认为品牌资产是消费者由于品牌知识的不同对品牌的市场营销行为的不同反应，而品牌知识由品牌知名度和品牌形象组成。较为普遍的定义认为品牌资产主要分为四个层次：品牌认知度、品牌接受度、品牌偏好和品牌忠诚。不难看出，这些定义和说法基本是从消费者视角给出的。这些内容教材上都有，就不多介绍了。这一讲主要从企业的内部资源来介绍品牌资产包括哪些要素。

一、支付宝商业模式分析

大家都知道经济学中讲到各种生产要素都是资源，如土地、资本、人、设备、信息等，大致可以分为有形的和无形的两大类。首先要介绍的是独特的商业模式，是品牌资产的重要构成要素之一。例如，支付宝的产生和出现。大家思考一下：支付宝为什么会在中国市场上出现，而不是在美国市场上产生的？支付宝都解决了哪些问题？相信大家都在使用支付宝，但是有没有想过这些问题呢？其实，在全世界的商业历史上，买家和卖家都面临着一个同样的难题，那就是交易的过程中，究竟是你先给我钱，还是我先给你货。如果说每次交易都需要面对面，一手交钱一手交货，那交易的规模和频次就会大大受到限制。那么，如果不是面对面的交易，我刚才说的问题就变得非常凸显了。因为双方都在担心给了钱拿不到

第十六讲　品牌资产：支付宝、腾讯和中惠集团

货，或者是给了货拿不到钱，怎么办？有人说先签法律合同，但有的时候法律合同也存在无效性或者失效性。

因此，阿里巴巴提出支付宝这个产品，非常好地解决了买方和卖方之间交易的心理障碍问题。支付宝的出现给买卖双方提供了便利、安全和保障，解决了一大群人的需求，市场怎么能不接受、不认同呢？支付宝的盈利模式是通过互联网买东西的时候，买家把资金打到支付宝，然后卖家发货，买家收到货确认以后，支付宝将资金再打给卖家，最后完成交易。这期间大家要想，资金有个时间差的问题，如图16-1所示。

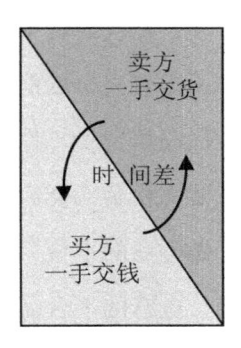

图16-1　支付宝的盈利模式

如果把支付宝比作蓄水池，虽然不停地有水进来，也不停地有水流出，但池子里面总是有水，而且这个水量很大。大家都知道资金是有时间价值的，这就成为支付宝的一个盈利渠道。之后，支付宝逐渐演变成了一个全方位、多功能、生活化的平台系统，通过为老百姓的生活提供各种便利来增加人们使用支付宝的各种节点，这些节点又进一步增强了人们对它的黏性和黏度。

二、腾讯商业模式分析

提起腾讯，大家第一反应可能是QQ聊天工具软件，其次是QQ游戏、

微信等其旗下的其他产品。腾讯养QQ那只小企鹅其实是花了不少钱的，也冒了很大的风险。大家可能要问，这是为什么呢？因为QQ聊天工具基本不赚钱，直到今天腾讯旗下的很多产品都不怎么赚钱，当然它是靠赚钱的业务来支撑它不赚钱的业务的。那有人又要问，为什么不赚钱还要去做呢？就像QQ聊天工具。我想跟大家说的是今天不赚钱，并不代表明天不赚钱。

另外，做品牌除了经济效益（赚钱）之外，还有一个是社会效益，如口碑、声誉和形象等。腾讯的QQ最初虽然不赚钱，但它获得了很多消费者，而且这些消费者因为年轻，都代表着中国市场的未来。后来有很多平台品牌发现了这一点，就开始跟着去争取消费者，然后再去争取商家，告诉商家说你看我这儿有几个亿的消费者，你要不要来我的平台卖东西？好，我要进来，你要进来，就要交租金、交广告费。这叫作社交商务化。就是把原来社交的平台变成了做生意的平台，就是说原来是聊天的平台，现在咱们用这个平台来谈生意。也有的平台品牌是先争取卖家，后吸引买家。如天猫和京东，以及现在的苏宁易购和网易严选等，它们就是精选卖家，然后告诉消费者，我们的产品都是有保障的，物流、支付、售后等各方面都是有保障的。这两种模式争取人的顺序不一样，如图16-2所示，一个是先争取买家后争取卖家，一个是先争取卖家后争取买家，总的来说就是社交商务化或者是商务社交化。

图16-2 平台品牌建立的逻辑

三、中惠集团商业模式分析

除了独特的商业模式外，第二个是知识产权和专利的发明，也是品牌资产的重要构成要素之一。例如，黑龙江的中惠集团，是生产地热电膜的。就是买房装修或建房子的时候，把地热电膜铺在地下，可以实现脚底取暖。这种方式比传统的烧煤供暖要灵活很多，可以通过随时开关来供热取暖，而且不会对环境造成很大的污染。这一专利的发明和创造就是中惠集团的重要品牌资产。当然，这个过程也是非常艰辛的。很多年前，中惠集团的老总去欧洲出差，坐在人家餐厅里，觉得暖洋洋的，很舒服，但又没有看到空调，就问服务员，这是怎么回事？服务员告诉他，餐厅采用的是棚膜供暖，就是电热膜在房间的天花板上面。当时这位老总就觉得非常好，因为他是黑龙江的，自己的家乡几乎都是采用烧煤供暖，而且是政府集中开关暖气，烧煤对环境污染还很严重。所以，他就一心想把电热膜做到中国市场去，回国以后就到处找各个领域的专家去研究开发电热膜，而且还要在国外产品的基础上做更进一步的创新，就是把电热膜从天花板上做到地面上去。他们在研发的过程中，几万块钱一吨的原材料做完实验以后就几百块钱一吨，当废品卖掉了，整个公司差点资金链断裂，坚持不下去了。后来申请了国家的项目之后，他们得到一笔经费，最后终于研发成功，扭转了局面。由此可见，产品的技术研发也是品牌资产的重要组成部分。如华为品牌，从20世纪90年代初就非常重视产品研发，每年的经费投入更是天文数字，令其他企业望尘莫及，其研发中心有1万名博士、几十名俄罗斯的数学家。

当然除了商业模式和产品技术研发之外，还有很多因素可以作为品牌资产的构成要素。如地理位置，如果你的公司在北京王府井大街上有栋楼，或者有一个门店，那都是重要的品牌资产。如果你有一条先进的生产线，能够大规模、高质量地生产产品，也可以作为重要的品牌资产构成。还有如公司的产品结构和服务质量，也包括我们经常提到的企业文化和组织结构，等等，这些都可以成为品牌资产。

据观察，大多数企业在对品牌资产进行投资的时候，都会选择把钱花在有形资产上，而不愿花在无形资产上。花在有形资产上，心里踏实，可以跟人说你买了最先进的设备、最好的地段，等等。但如果把钱花在无形资产上，心里就不踏实，因为无形的东西不好衡量，也不好出结果。如花钱塑造企业文化，花钱在员工的培训上，等等。这就是品牌资产究竟做有还是做无，做有就是把钱花在有形资产上，俗话说："工欲善其事必先利其器。"做无就是把钱花在无形资产上，如花在人身上，对人进行投资。不远的未来知识工作者取代体力劳动者是一个必然的趋势，但知识工作者的绩效该如何衡量和评价却是一个非常难的课题。因为知识的价值具有无形性和连带性。其中的人，主要指企业家、高管团队、其他员工和顾客。企业家及其高管团队也是品牌资产的重要构成要素，包括一线的员工，因为你怎么对员工，员工就会怎么对顾客。所以，我们看看，员工是怎么对待顾客的，差不多就能知道这家企业的老板是怎么对待员工的。因此，企业要把顾客当成父母来看，把员工当成兄弟姐妹来看。

第十七讲

品牌故事：江湖上有哥的传说

各位读者，大家好，这一讲的主题是品牌故事。上一讲讲了品牌资产的概述，其中提到品牌资产包括有形资产，也包括无形资产。那么，这一讲就来谈一谈无形资产中的品牌故事。什么是故事呢？百度的答案是：通过叙述的方式讲一个带有寓意的事件，或是陈述一件往事。那么，什么是品牌故事呢？根据我的理解应该是有三个特征：第一是要以客观事实为基础进行演绎，不能瞎编乱造，扭曲客观事实；第二是故事的情节要有意思，不能苍白无力，平淡无味；第三是故事的内容要有意义，不能无厘头，要传递大同、大爱，或者有深刻的寓意。品牌故事的四个分类（见图17-1）：一是既有意义又有意思；二是有意义没意思；三是有意思没意义；四是既没意义也没意思。以前多次听人说，做品牌要学会讲故事，故事能够创造效益，等等之类的话。我当时不太明白，在经过对企业多年的观察之后，逐渐开始认识到确实如此。希望大家听完这一讲，也能明白这些话，也能明白故事对一个品牌的重要性。接下来，给大家讲几个品牌故事，看一看大家能够从中学到什么？

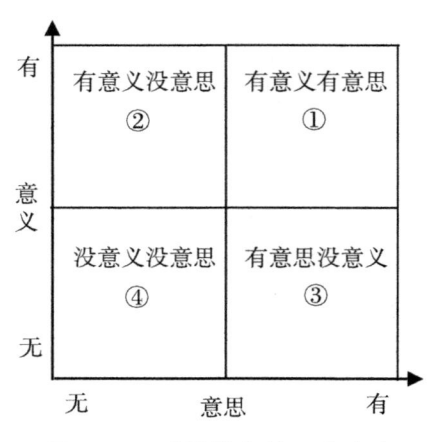

	意思无	意思有
意义有	有意义没意思 ②	有意义有意思 ①
意义无	没意义没意思 ④	有意思没意义 ③

图17-1 品牌故事的四个分类

第十七讲　品牌故事：江湖上有哥的传说

一、芭比娃娃品牌故事分析

　　先来讲一个国外品牌的例子，即芭比娃娃的品牌故事。芭比娃娃的创始人是露丝·汉德勒夫妇，公司的名称为美泰公司，芭比娃娃是怎么来的呢？有一天，汉德勒看到自己的女儿芭芭拉在玩剪纸娃娃，而这个剪纸娃娃有很多职业和身份，汉德勒突发灵感，我为什么不制作一个成熟一点的娃娃呢。于是，美泰公司就迅速制作出了一个天使般面庞、魔鬼般身材的娃娃。芭比娃娃刚上市第一年就卖出了35万个，随后订单像雪片一样飞到美泰公司。从芭比娃娃出生开始，露丝·汉德勒就赋予她人性化的一切，如很多漂亮的衣服、好几栋房屋和别墅、好多辆私家车、各种家用电器等。为了让芭比娃娃顺应时代的潮流，走向国际化的市场，美泰公司每隔几年的时间，就会推出芭比娃娃的一个主打职业身份，如职业女性的形象、登上月球的形象、电影音乐明星的形象、各种运动员或啦啦队的形象等。而且在进入超过150个国家市场的时候，芭比娃娃都是以当地的传统服装展示给当地的消费者，有拉丁美洲芭比、西班牙芭比、日本芭比、中国芭比、印度芭比等。美泰公司非常聪明的做法是，在时间上通过更换职业身份，让芭比娃娃与时俱进；在空间上通过穿戴当地国家的传统服饰，让芭比娃娃入乡随俗，从而打破了时间和空间上的限制。另外，无论是东半球还是西半球、南半球还是北半球的消费者，都能接受芭比娃娃，说明全世界人们在审美上有着共同的标准和偏好。

　　除了这些，让人觉得更有意思的是芭比娃娃还拥有兄弟姐妹和男朋友。她与男朋友（肯）是在1961年拍摄他们的第一部广告片时认识的，两人一见钟情，并轰轰烈烈地相恋了43年，2003年他们还成功地上演了《芭比之天鹅湖》。听起来是不是像做梦一样？这是真的还是假的？两个娃娃还能谈恋爱，还能上演《天鹅湖》？这里有个关键的信息是相恋了43年，那43年之后呢，俩人啥时候分的手？2004年2月14日情人节那天，美泰公司对外宣布，芭比和肯分手了。这个消息一出，引起了市场上极大的震动，为什么呢？因为不少孩子开始问自己的家长，什么是分手？这个时候家长不得不向孩子解释什么是分手，什么是离婚，还非常担心解释不好会给孩子的心理造成负面影响。所以就不停地催促美泰公司推出新的娃娃作为芭比的下一任男朋友。在千呼万唤之后，美泰公司终于推出了一款新的娃娃，是一位澳大利亚沙滩男孩，名叫布莱恩，阳光帅气。布莱恩售价接近15美元，而芭比售价为9.99美元。而且芭比换男朋友之后，以前跟肯相关的物品、房屋、汽车等所有的衍生品都要跟着换掉。美泰公司是多么的精明！就这么一换男朋友，就出现了新的利润增长点。美泰公司为什么要给芭比换男朋友呢？因为芭比遇到了中年危机，一个娃娃在被赋予了人性化的东西之后，年龄是个很大的问题。因此，我要问大家，芭比分手的品牌故事怎么样？符不符合客观事实？有没有意思？有没有意义？

二、狗不理包子品牌故事分析

接下来要讲的品牌故事是天津狗不理包子。资料显示：1831年，也就是清朝道光十一年，狗不理包子的创始人高贵友出生在天津市武清区。那时他的父亲已经40岁了，为了求得平安，给他取个乳名叫狗子，希望他能像小狗一样好养活。高贵友14岁时，到天津南运河边上的刘家蒸吃铺做小伙计。因为他心灵手巧又勤学好问，加上师傅们的指点，高贵友做包子的手艺有了很大进步，练就一手好活。三年满师后，高贵友独自开了一家专营包子的小吃铺叫德聚号。由于高贵友手艺好，做事又十分认真，从不掺假，制作的包子口感柔软，鲜香不腻，形似菊花，色香味形都独具特色，生意十分兴隆。来吃包子的人越来越多，高贵友忙得顾不上跟顾客说话，这样一来，吃包子的人都戏称他"狗子卖包子，不理人"。久而久之，人们喊顺了嘴，就都叫他"狗不理"，把他所经营的包子叫作"狗不理包子"，而原店铺的字号却渐渐被人们淡忘了。这个品牌故事怎么样？符不符合客观事实？够不够吸引人？有没有意思？有没有意义？

三、海尔冰箱品牌故事分析

再来是海尔集团张瑞敏砸冰箱的故事。1985年的一天，有朋友想买一台电冰箱，到厂里挑了很久，勉强找到一台没有毛病的电冰箱。朋友走后，张瑞敏下令将库房里的400台冰箱拉出来全面检查，发现76台存在各种各样的缺陷。他把全厂职工集合起来，问大家该怎么处理，当时一台新冰箱的价格为800多元，直接报废实在浪费。为什么呢？因为当时工人的工资一个月也就40多元钱，一台电冰箱大概值两年的工资。所以有人提议，反正不影响使用，索性低价销售，或者内部处理掉。可张瑞敏不同意，义正词严地说："我要是允许把这76台电冰箱卖了，就等于允许你们明天再生产760台这样的电冰箱"。接着，张瑞敏抡起大锤，带领员工，将这76台冰箱全部砸掉。这一砸，不仅砸醒了海尔集团员工们的质量意识，而且也砸醒了整个中国人的质量意识。在《环球企业家》推出的影响中国当代商业史的15个决定中，1985年海尔集团张瑞敏砸冰箱事件排名第一。与此同时，张瑞敏砸冰箱的那把大锤被收藏在中国国家博物馆。这个品牌故事跟前面有什么不一样？符不符合客观事实？够不够吸引人？有没有意思？有没有意义呢？

四、《战狼2》品牌故事分析

最后是2017年有一部电影，名叫《战狼2》，是吴京导演同时兼主演的。不知道大家有没有看过？这部电影上映4小时票房纪录就超过了1亿元，上映5天就突破了12亿元。上映第一周周末以合计1.27亿美元成为全球票房榜的冠军影片。仅2017年7月30日，就拿下近3.6亿元，刷新了华语影史单日票房第一的纪录。截至2017年8月18日，这部电影在中国市场的累计观影人次正式达到了1.4亿，成功超越了《泰坦尼克号》北美市场观影人次1.38亿的记录，荣登"单一市场观影人次"全球榜首。大家要思考为什么这部电影能有如此好的成绩呢？答案有两点：第一是品牌故事的情节讲得好，有意思；第二是品牌故事的内容丰富，有意义。

最后总结一下：一个品牌故事，不仅要体现专业，还要有思想，更要有精神。只有这样才能走得更远，流传更久。如精卫填海、愚公移山、水滴石穿等。其实，每个企业在成长的过程中都会有很多感人的故事，而我们的企业缺乏的是将这些故事归纳总结提炼，并借助很好的途径或载体将其传播的意识。大家可以对比一下今天讲的几个故事，看看从中能受到什么启发？

第十八讲

品牌传播体系：向谁说—说什么—怎么说

各位读者，大家好，这一讲的主题是品牌传播体系。说起品牌传播，不禁想起市场营销课程中讲到的促销。促销有四种方式，具体包括人员推销、公共关系、营业推广和广告宣传，其实这四种方式都属于品牌传播。促销的本质在于和消费者进行沟通，而品牌传播的本质也是与消费者进行沟通。前面的课程中，强调过品牌管理就是要众人曰善，众口一致。

一、品牌传播的目标

品牌传播目标的第一句就是做品牌要让越多的人知道你越好，也就是说要广而告之（知名度），因为"酒香不怕巷子深"的年代已经过去了。第二句话就是做品牌要让尽可能多的人说你好（美誉度），或者至少不说你的坏话。这叫"金杯银杯不如口碑""好事不出门，坏事传千里"。第三句话就是"哥不在江湖，但江湖上有哥的传说"（忠诚度）。就是说你要有故事，如果一个品牌没有故事，那就不便于消费者传播。就像我们在品牌管理这门课上提到过很多品牌一样，虽然这些品牌不在这里，但我们却在谈论和分析它们。这个传播的力量是品牌管理者无法掌控，也无法预料的。其实，这三句话分别对应的是品牌的知名度、美誉度和忠诚度。一个品牌经营者如果能够牢记这三句话，并加以实施，我想他的品牌不会差到哪里去。当然，这三句话背后还有很多的工作要做，如提供高质量的产品和服务等。

二、品牌传播方式的变化

在讲品牌传播体系之前，先讲一下移动互联网背景下，品牌传播方

第十八讲　品牌传播体系：向谁说—说什么—怎么说

式发生了怎样的、根本性的变化。传统的品牌传播基本上是企业向消费者进行单向的传播，消费者无法跟企业进行即时的互动，而且消费者之间也没有办法进行互动，最多也就是亲朋好友之间聊一下某个品牌。而现在有了移动终端，如智能手机、平板电脑等，消费者不仅可以随时随地购物消费，还能随时随地拍照、发评论，甚至是直播自己的消费情况。对企业来说，这种方式不仅低成本，而且效果好，每个消费者都变成了一个广告的载体。低成本是指不用付给消费者广告费，效果好是指因为消费者和消费者是自己人。于是，有些品牌就做一些促销活动，购买产品时要是转发朋友圈，我们就打几折，采用这种滚雪球式的推广方式来扩大品牌的知名度。但这种社交化媒介的传播也有它的局限，一方面是企业很难去控制消费者的创造和传播行为；另一方面是消费者在相互传播的过程中，信息容易失真，甚至是扭曲，且难以矫正。因此，品牌一旦有任何不好的行为发生，就会被迅速上传到网络，并广泛传播，并将事件放大。由此可见，消费者已经不再是被动地接受品牌信息，而是主动地进行传播。所以，企业要有专门的团队负责品牌在互联网上的传播。而且更重要的是把自己的产品和服务质量维持在一个较高的水平，保证出品和服务质量的稳定性和连续性。

三、品牌传播体系

品牌传播体系如图18-1所示。这个体系包括：向谁说、在哪里说、说什么、何时说、怎么说、何地说、最后的结果如何。做品牌传播，要是能清楚地回答这些问题，相信效果不会差到哪里去。

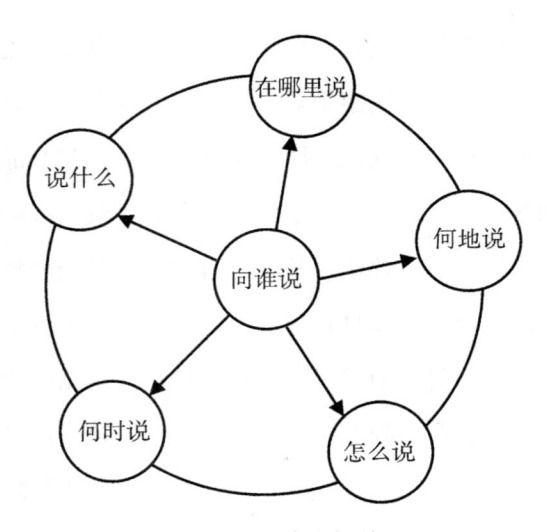

图18-1　品牌传播体系

第一个问题是向谁说。这个谁有的指消费者，有的指政府，也有的指媒体。关于消费者，就是指你品牌的目标客户是谁。是男人？是女人？是孩子，还是老人？是高收入的精英人士，还是低收入的社会大众？在市场营销学的课程中，有个知识点叫目标市场的选择，就是根据市场细分的标准和指标，对消费者群体进行划分，对不同的指标进行组合，最终确定自己品牌的目标受众。大家可以去找一下，看一看。这里大家要思考几个问题，就是品牌传播一定要针对自己的目标受众吗？一定要针对现实的消费者吗？非目标受众和潜在的消费者要不要考虑呢？这是一个战略问题和系统问题。还有就是政府和媒体，他们属于第三方。如果能够借助政府的力量进行品牌传播，那也是非常有影响力的一件事情。另外就是媒体，让专业的人做专业的事情，因为媒体人学的就是传播学。

第二个问题就是在哪里说。传播的对象在哪里？他们在社区、商区、学校，还是在写字楼？是采用分众还是大众的方式进行传播？所谓分众就是如电梯里、公交车上、高铁上、教室里、写字楼等特别空间里的小众群

第十八讲　品牌传播体系：向谁说—说什么—怎么说

体。大众主要是指如互联网和电视广告等，不区分受众。按照分众的思维，应该是传播的受众在哪里，品牌传播就应该到哪里。

第三个问题是说什么。前文我们提到过，消费者的心智非常有限，所以，说的内容一定要简单。一个品牌应该要有一句核心的诉求，如"怕上火喝王老吉"，说得很清楚，什么时候喝王老吉呢？是怕上火的时候，或者是上火以后。喝什么呢？喝王老吉。还有湖北省的一个旅游景点，说的是"人间四月天，麻城看杜鹃"。这个话说得也很好，人间四月天说的是时间，麻城说的是地点，看什么呢？看杜鹃。你看这个旅游景点的核心诉求说得多清楚。在说的内容上有几个细节和策略要注意。一个是你究竟该说理性的诉求，还是感性的诉求？一般情况下，实用型、功能型的产品说理性诉求，如桌椅板凳、家用电器等；而乐享型、象征型的产品要说感性的诉求，如吃喝玩乐、金银首饰等。还有一个是销售量的信息表达，究竟是说已经卖了多少万件，还是说只剩下几件了，哪一个比较好？前面说的是销量信息的传递，后面说的是存量信息的表达。

第四个问题是何时说。是促销当季说，还是促销前一两个月说？例如，电视广告是放在喜剧片子后面说，还是放在悲伤的片子后面说？就像你跟客户谈生意，到最后要促成交易的时候，是挑客户高兴的时候说，还是挑客户难过的时候说呢？还有在火车上打广告，你是在火车上进行广播呢？还是在出站口打个广告牌，哪个效果会更好一些呢？还有就是促销的时机一定不要跟外部环境发生的大事件冲突，而是应该跟它们挂上钩比较好。例如，在奥运会开幕式时，学校里搞了一个促销活动，哪会有人参加？因为大家都去看奥运会开幕式去了。但如果能够把促销活动跟奥运会开幕式结合起来，我想效果会更好一点。

第五个问题就是怎么说。我想这个问题主要侧重媒介的选择，有传统

119

的电视、报纸、杂志、户外等广告的传播方式，也有现代的手机直播、抖音、社交化媒介的传播方式。至于你怎么选择，取决于整个品牌体系，以及你的品牌战略。但我想给大家的一点建议是，选择传播的制高点。什么是传播的制高点，就像原来的中央电视台的标王一样，找电视节目收视率最高的，受众最多的，持续不断地打广告。这样能够很快地广而告之。当然，前提是你已经做到了全国品牌，假如你还是一个区域品牌，甚至是一个社区品牌，那你还是做区域市场和社区的品牌传播就足够了。

第六个问题是到哪里说。其实跟第二个问题受众在哪里比较类似。这里只说一点，一些具体的行业，如旅游，你在景区里面应该传播什么？传播具体的景点信息，详细地介绍景点。在景区外应该传播什么？传播抽象的景点信息，只介绍旅游的产品。如餐饮，你在门店里面应该传播什么？菜品信息、企业文化等具体信息，你在门店外该传播什么？做好人好事。

最后一个问题是结果如何衡量和控制。例如，你花了很多钱打广告，是不是按照约定给你打了，如网络广告、电视广告等，约定在半年内，每天定时打几秒钟的品牌广告，那你要做好监督控制，看是不是每天都打了。还有就是品牌传播之后，对销售绩效究竟有多大的促进？这个也是没办法衡量的。因为影响销售促进的因素有很多，品牌传播只是其中一个。大家都知道品牌传播很烧钱，那么烧钱的背后就是看你敢不敢舍。舍得舍得，有舍才有得。

第十九讲

品牌调侃：四两拨千斤还是竹篮打水一场空

各位读者,大家好,这一讲的主题是品牌调侃。随着新媒体技术广泛而深入的应用,品牌间的隔空喊话逐渐成为现实,而且变得相对自由随意。于是,市场上越来越频繁地出现一种新的、有趣的营销现象"品牌互撩"。

一、品牌调侃的定义及营销实践

对应的学术名称叫品牌调侃,主要指两个及以上数量的品牌之间,通过新媒体平台(如企业官方微博和微信公众号等),出于网络印象管理和经济绩效的动机,选择适当的时机或情境,采取一对一、一对多、多对一或顺序接力调侃的形式,具体如表19-1所示,以拟人化的沟通策略,包括品牌互赞、表白等方式进行互动。由此吸引消费者的注意和引起他们的兴趣,使他们自愿、自发地做出点赞、评论和转发等递进叠加的传播行为,希望最终能够提高品牌营销的沟通效力(如点赞、评论、转发等)。

表19-1 品牌调侃代表性事例

调侃形式	发生时间	品牌调侃事例:主动调侃和被调侃品牌	营销沟通效力
一对多调侃	2019年1月26日	主动调侃品牌:三七互娱; 被调侃品牌:中国邮政、中国联通、途牛、六福珠宝、真功夫、连咖啡、来电科技、安踏等16个品牌	转发2543 评论2897 点赞776
	2018年3月15日	主动调侃品牌:新潮传媒; 被调侃品牌:顾家家居、Rokid、乐橙、雷克萨斯、什么值得买、美的等8个品牌	转发3 评论2 点赞8
	2017年11月23日	主动调侃品牌:杜蕾斯; 被调侃品牌:Jeep、宜家、老板、德芙、绿箭、Levi's等13个品牌;	转发21043 评论7764 点赞23111

第十九讲　品牌调侃：四两拨千斤还是竹篮打水一场空

续表

调侃形式	发生时间	品牌调侃事例：主动调侃和被调侃品牌	营销沟通效力
一对一调侃	2019年8月7日	主动调侃品牌：珍爱网； 被调侃品牌：百度原生广告	转发267 评论354 点赞812
	2018年6月13日	主动调侃品牌：唯品会； 被调侃品牌：京东	转发21 评论58 点赞63
	2017年9月17日	主动调侃品牌：故宫文化珠宝； 被调侃品牌：ofo	转发201 评论2 点赞10
多对一调侃	2018年5月7日	主动调侃品牌：爱奇艺、科大讯飞、途牛、神州专车、咪咕音乐、每日优鲜等11个品牌； 被调侃品牌：锤子手机	无法搜集到有效数据
顺序调侃	2018年5月10日	五芳斋@南方黑芝麻@稻香村@泸州老窖@广州酒家集团@北冰洋@天津狗不理@杭州知味观@兰芳园@东来顺@北京义利@英雄钢笔@回力@内联升@白猫@方回春堂1649@谢馥春@寿仙谷@珍视明@五芳斋	无法搜集到有效数据

资料来源：本团队成员搜集2016年5月1日至2019年12月31日品牌调侃事例整理所得，表中的@代表调侃的意思，营销沟通效力的数据均来自主动调侃品牌的官方微博，数据以搜集的时间点为限。

　　类似的例子不胜枚举，除了在商业领域之外，品牌调侃还被广泛应用于大学、动物园、医院、景区、博物馆等多个领域的品牌传播与沟通。由此可见，与传统媒体相比，在新媒体（如企业官方微博和微信公众号等）技术平台上，品牌调侃已经成为一种新的营销常态。但是，根据表19-1中的数据显示：同一品牌调侃形式之间的营销沟通效力在多个方面却存在较大的差异，有的确实起到了四两拨千斤的效果，也有的犹如竹篮打水一场空，结果差强人意。例如，一对多品牌调侃事例中，杜蕾斯的官方微博转发高达21043次，而三七互娱的官方微博转发却只有2543次，新潮传媒的转发更少仅有3次。一对一的品牌调侃事例中，珍爱网的官方微博转发达267，评论354条；而唯品会的官方微博转发却只有21次，评论58次；故宫文化珠宝的评论更少，只有2次。同一品牌调侃形式，为何会存在如此大的差异呢？主动调侃和被调侃品牌该如何做才能共同提升营销沟通效力呢？由于这一新的实践现象尚未得到学界的足够重视，因此，根据团队成员所搜集到的品牌调侃事例（2016年5月1日至2019年12月31日），围绕品牌调侃出现的原因（土壤和动机）和调侃的特征（时机、形式和内容），我们展开一些思考分析并归纳几点共性的特征以供业界参考。

二、品牌调侃的土壤：各种新媒体的蓬勃发展

首先，我们来分析一下，品牌调侃为何会出现？从它生长的土壤来看就是各种新媒体的蓬勃发展。试想在传统媒体上，品牌之间能够自由地隔空喊话吗？显然是不会的，因为传统媒介基本上都是付费的。也正因为此，传统的营销宣传和沟通，绝大多数已陷入"烧钱投入（广告宣传）"和"体力劳动（营业推广）"两种路数。随着新媒体等技术的发展，"四两拨千斤"在品牌宣传沟通过程中逐渐成为可能。如何运用巧妙的方法，以最低的成本获得最大限度的营销沟通效力？这已成为营销实践普遍关注的热点话题。在国外，营销人员每年在社交媒体上都要花费数十亿美元来建立和维持在社交网站的曝光。《财富》500强企业中有80%都在使用Facebook，其中很多都拥有超过100万名的粉丝。正如一位高管所宣称的"Facebook应该是大多数消费者品牌营销组合的关键部分"。

在国内，2018年3月初，腾讯创始人马化腾在北京正式对外宣布：

第十九讲 品牌调侃：四两拨千斤还是竹篮打水一场空

"在刚刚过去的春节，微信全球月活跃用户数首次突破10亿大关！"截至2021年第一季度，微信月活跃用户达12.41亿。无独有偶，微博首席执行官王高飞在其全年财报发布时表示："我们在2017年已经达到了一个重要的里程碑，全年的总收入超过了10亿美元。2017年12月的月活跃用户数较上年同期净增约7900万，达到3.92亿；平均日活跃用户数较上年同期净增约3300万，达到1.72亿。"截至2021年第一季度，微博月活跃用户达到5.3亿。有了这样的土壤，品牌调侃将像核裂变中的链式反应，形成指数级的传播已成为可能。

三、品牌调侃的特征：时机、形式和内容

根据本研究团队所搜集的品牌调侃相关资料做简单的内容分析，从品牌调侃的时机、形式和内容三个方面归纳出一些特征，如图19-1所示。

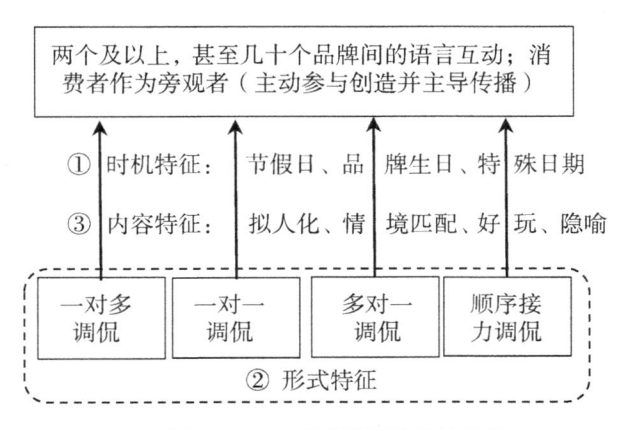

图19-1 品牌调侃的具体特征

第一，时机特征。品牌调侃的发生大多依赖于时间，也就是节日的选择，而较少依赖情境。归纳起来主要有三类：其一是东西方文化背景下的节假日（如中秋节、春节、圣诞节和情人节等）；其二是品牌生日或新产

品发布日（如锤子手机5月15号新产品发布会等）。这两类日期举办活动或发布信息，更容易将涉事主体（参与调侃的品牌）扮演不同的角色带入情境，激发它们以及旁观者的情感和情绪，彰显涉事主体（参与调侃的品牌）的权力感和面子感，并加强它们相互之间的情感关系。其三是行业节日或一些特殊日期（如5月10日中国品牌日和9月17日国民骑行日等）。这类日期举办活动或发布信息，能够表达涉事主体（参与调侃的品牌）的社会责任、公益、道德等诉求，彰显和塑造良好的公我形象。

第二，形式特征。品牌调侃的形式可分为：一对多、一对一、多对一和顺序接力调侃。在新媒体环境下，一对多的品牌调侃出现频率最高，一对一的其次，多对一和顺序接力调侃出现的最少。原因在于一对一的品牌调侃难以形成轰动的"故事"效应或"新闻"效应，来吸引消费者的注意和兴趣。而多对一的话，主动发起调侃的品牌在时机和内容的选择上难以步调一致，形成良好的传播效果。顺序接力调侃需要被调侃的品牌自愿接力，并清楚接力的方向，也就是下一个调侃的目标和内容；否则，将不能实现顺序调侃或达到预期的效果。

一对一的品牌调侃是指主动调侃品牌为一个，被调侃品牌也只有一个。例如麦当劳调侃汉堡王（2021年4月）等。一对多的品牌调侃是指主动调侃品牌为一个，而被调侃品牌有多个。例如，海尔乐家诚品调侃日日顺物流、海尔兄弟、创客实验室海融易、海尔冰箱、海尔空调、海尔生活电器等15个品牌（2021年5月10日）。与被调侃品牌相比，人们普遍会认为主动调侃品牌更具有权力感和面子感，而且被调侃品牌的数量越多，地位越高，主动发起调侃品牌所获得的权力感和面子感就会越多。

多对一的品牌调侃是指主动调侃品牌为多个，而被调侃品牌只有一个。例如，爱奇艺、科大讯飞、神州专车等共计11个品牌调侃锤子手机

第十九讲　品牌调侃：四两拨千斤还是竹篮打水一场空

（2018年5月）。当被调侃品牌遇到喜事或需要帮助时，越多的其他品牌尤其是地位较高的品牌主动参与调侃，那么被调侃品牌所获得的权力感和面子感是否就会越多？顺序接力调侃是指品牌A调侃品牌B，品牌B调侃品牌C，以此类推，类似接力比赛的逻辑。例如，五芳斋调侃南方黑芝麻、马应龙调侃五芳斋等涉及20个品牌（2018年5月）。在这个过程中，如果某个品牌没有接上，或接力调侃做得不好，消费者是否会认为该品牌没有面子呢？

第三，内容特征。根据本团队成员所搜集品牌调侃事例，在对调侃内容进行归纳和分类之后，我们总结出三个方面的特征频次最高，它们依次是：拟人化、与时间或情境的匹配、好玩和隐喻。

首先，拟人化是因为品牌似人，但毕竟不是人，所以调侃过程中的语言表达需要采用拟人的语气来实现。例如，国美@亲爱的美的、@亲爱的格力等。拟人化沟通会让消费者更有可能认为品牌是有生命的，提升品牌作为"人"的可信度，增加消费者的临场感和存在感，帮助品牌与消费者形成社会化联系，加深他们之间的关系。

其次是与时间或情境的匹配。例如，2017年感恩节，杜蕾斯@亲爱的，箭牌口香糖："这么多年，感谢你在我左边，成为购买我的借口。你的老朋友，杜蕾斯。"我们分析认为：与不匹配相比，当品牌发布的信息与时间或情境相匹配时，从理性思维来讲，更能提高消费者对信息处理的认知流畅性；从感性思维来讲，更能激发消费者对情境的临场感，进而对品牌形成积极正面的态度。

最后是好玩和隐喻。例如，爱钱进向护舒宝致敬："虽然每个月只有那么几天，但你从来坚守岗位，投入贴心呵护，只为每一个女生都能满血复活。"一方面有趣和幽默等带有娱乐性质的信息能够吸引作为旁观者、消费者的注意和兴趣。另一方面,直接调侃会存在很多的潜在风险,如果没有经过调整或缓解,或将导致严重的敌意。对调侃方和被调侃方来说,它是一种面子威胁。因此,为了顾全双方的面子,调侃方多半会采取隐喻的做法来表达调侃,这就需要调侃双方及旁观者了解品牌背景知识。

第二十讲

品牌危机概述：小明迟到了

各位读者，大家好，这一讲的主题是品牌危机概述。随着市场经济的发展，品牌危机越来越成为企业发展过程中的常态问题。这并非妄言，而是因为内外部环境的变数实在太多，稍有考虑不周，便会给品牌带来一些隐患。从全球范围来看，知名企业无不经历过品牌危机，如雀巢、宜家、可口可乐、肯德基、蒙牛、海尔、联想等，它们都没有倒下，而是挺过了难关。一个原因可能在于它们是强势品牌，另一个原因可能在于它们对危机的处理得当。品牌危机指的是由于企业外部环境的突变和品牌运营或营销管理的失常，而对品牌整体形象造成不良影响，并在短时间内波及社会公众，使企业品牌乃至企业本身信誉大大受损，甚至危及企业生存的窘困状态。也有人指出品牌危机实质上就是信任危机，如果某个行业频繁爆发产品质量危机，那么消费者将很难再信任这个行业；如果某个国家市场上频繁报道品牌危机，那么就会大大降低消费者的社会信任，甚至危及对国家制度的信任和国家形象的评价。

一、品牌危机的分类

前面说的是品牌危机的定义，接下来我要讲的是品牌危机的分类。根据危机发生源是否为品牌资产的核心要素，可将品牌危机分为核心要素和非核心要素品牌危机。根据危机发生是否由企业自身原因造成的，可将品牌危机分为主动性危机和被动性危机。主动性危机往往是由于企业自身经营管理不善，出现的产品质量问题、虚假宣传广告、企业不遵守社会责任或商业道德伦理而出现的一系列危害品牌的负面事件。根据在同一行业内危机发生的企业数量，可将品牌危机划分为行业性危机和非行业性危机。

根据品牌危机是否可辩解，可将品牌危机划分为可辩解危机和不可辩解危机。不可辩解危机就是证据确凿，铁板钉钉，错了就是错了。可辩解危机则是责任说不清楚，有辩解的余地。根据品牌危机的发生类型，可将品牌危机分为道德型危机和能力型危机。道德型危机主要指诚信、伦理等方面；能力型危机主要指产品质量问题。根据品牌危机的受害人数，可将品牌危机分为群体性品牌危机和非群体性品牌危机。例如，在一次品牌危机中，受害者众多，如机场航班延误或取消，或某次食物中毒引起众多消费者发病等。根据品牌危机的载体，可将其分为产品质量危机和服务失败危机。这个从字面上就可以理解，不再举例。

二、归因理论的三个方面

接下来我要讲的是从归因理论的视角来理解品牌危机。什么是归因？我想大家应该都知道，就是消费者判断导致某个事件或行为的原因和责任方的过程。当人们分析发生某个事件或行为的原因时，大致会从以下三个方面进行，如图20-1所示。

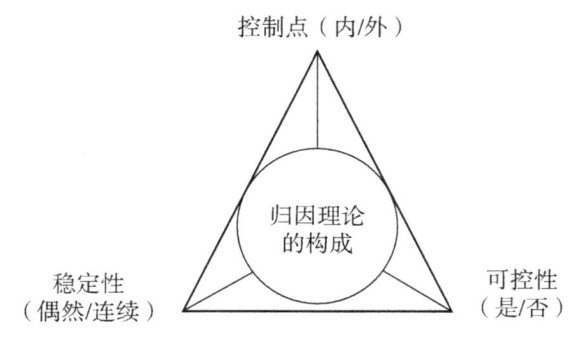

图20-1　归因理论的三个方面

第一，就是这个原因是内在的还是外在的？这是个控制点的问题。

第二，这个原因是偶然存在还是连续发生的问题，这是个稳定性的问题。第三，这个原因是否可以控制？这是个可控性的问题。举例说明，比如小明上学迟到了，我要问清楚原因。如果小明告诉我是睡过头了，那我觉得这是个内因，可以控制的；如果小明告诉我是天上下雨，路上堵车，那我觉得这是个外因，不可以控制的。但如果别的同学告诉我说，小明经常迟到，那我觉得这就是个稳定性的问题，小明一向就这样。所以，这三个方面的分析适用于品牌危机。很明显，当品牌危机是外因、偶发、不可控时，消费者会更容易原谅肇事品牌；而当品牌危机是内因、频发、可控时，消费者会更不容易原谅肇事品牌。当然，这个结论也存在一定的异质性。比如说女性会认为自己在品牌危机中更容易受到伤害，这导致她们对肇事品牌的责备比男性消费者要多。

三、品牌危机应对原则

那么在品牌危机发生之后，该如何应对呢？从学者的研究来看，可以从媒体、专家和企业自身三个方面进行应对。其中，从企业自身的角度来看，应对的方式和方法最多。如保持沉默、否认、辩解、道歉、被迫召回、主动召回、非常努力地应对。大家有没有看出这个应对的逻辑，从前到后是一种从消极对抗到积极应对的做法。其中，道歉、被迫召回、主动召回、非常努力地应对属于承认品牌危机发生的事实。而从营销实践的经验积累来看，品牌危机应对有一定的处理原则，如图20-2所示。

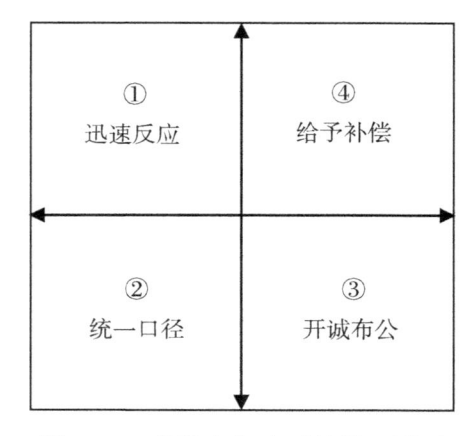

第二十讲 品牌危机概述：小明迟到了

图20-2 品牌危机应对的处理原则

（① 迅速反应　④ 给予补偿　② 统一口径　③ 开诚布公）

第一，迅速反应。品牌危机一旦发生，管理者应该第一时间成立危机处理机构。如果没有明确的职能和人员的分工，就会耽误危机处理的最佳时机。这个机构应该有三大职能：决策系统、信息系统和实际操作执行系统。接着就是危机的调查和评估，找出危机的根源，在科学、全面调查的基础上，找出危机发生的根本原因，以及整个危机事件的真实情况。再就是制定危机处理方案，明确应该采取什么样的对策，通过什么样的程序进行有效处理，确定什么人在什么时间做什么事，这才是危机处理的关键。最后就是建立信息传播的渠道，公开危机发生的原因、过程及处理结果，澄清歪曲失实的流言报道，让公众了解事实的真相。

第二，统一口径。在平时，我们可以说要充分发扬民主，表达不同的声音。但在危急时刻，所有成员都要统一口径，以一个声音表达。否则，外界就会觉得是内部沟通不好，没有一种负责任的态度，事情只会越搞越糟，危机越来越严重。首先，要做的是给危机定性，这个危机是事件、风波还是阴谋等。其次，是处理的态度，比如说要向有关受害者及广大公众表达歉意，真诚地表达愿意妥善处理的决心，先表个态。在这个过程中，是让一线员工出来表态，还是企业高管出来表态，哪个比较好？如果是企业高管，是一个人出来说声对不起，鞠个躬，还是好几个高管一起出来说声对不起，鞠个躬，哪个更好？为什么呢？大家下去自己想。最后，就是要不断更新事件的进展，比如每隔6个小时、12个小时等在内部或外部发布官方评估和对策。

第三，开诚布公。坦诚地公布危机事件的真实情况，不仅可以澄清事实、消除误解、制止谣言，还可以让公众看到企业处理危机、解决问题的诚意。开诚布公一般选择的两个时间点为：一是危机发生的第一时间，二是危机真相大白的时候。

第四，给予补偿。保护消费者的利益，补偿受害者的损失，是品牌危机处理的第一要义，因为品牌真正的价值就藏在消费者的心里。只要是由于使用了本品牌的产品或服务而受到了伤害，品牌经营者就应该在第一时间向社会公众公开道歉以示诚意，并且给受害者相应的物质补偿。对那些确实存在问题的产品应该不惜一切代价迅速收回，并立即改进品牌的产品或服务，以表明企业解决危机的决心。由于需要付出的代价比较大，对一些比较现实的人来说，往往难以理解，而且知道也不一定能够做到。

综上所述，在品牌危机发生之后，首先就是态度的问题，其次是沟通时机选择的问题，即时也就是第一时间反应就一定是好的吗？延时应对或补救在什么情况下会更好呢？再就是赔礼和赔钱的问题，什么情况下赔礼，什么情况下赔钱，什么情况下两个都要？如果品牌危机之后，面对的是群体消费者，你是采取公开赔偿还是采取私下赔偿呢？还有研究发现，在社交性服务失败的情境下，与西方人相比，东方人更不满意，为什么呢？因为东方人比西方人更要面子。但在非社交性服务失败情境下，这个结论是相反的。所谓社交性服务失败就是指服务人员态度不好引起的，比如人家白了你一眼，或者不搭理你。非社交性服务失败指的是物理情景的问题，比如ATM机轮到你的时候没钱了；或者去吃饭的时候凳子坏了，碗破了等。

第二十一讲

品牌丑闻溢出效应：天—地—人框架分析

各位读者,大家好,这一讲的主题是品牌丑闻溢出效应。第一,在市场环境日益复杂多变,以及信息技术和大众传媒推波助澜下,品牌丑闻负面曝光事件呈现越来越高发的趋势,随着市场的发展,这个阶段在很多国家都可能会出现。并且,有研究表明:与正面信息相比,人们更倾向于关注负面信息。第二,我们需要弄清楚什么是品牌丑闻和溢出效应。

一、品牌丑闻和溢出效应

品牌丑闻主要指企业在营销管理过程中发生的关于产品、服务、人事等方面的问题,有可能是能力方面的,也有可能是诚信方面的,对企业绩效和声誉产生重大影响的一些事件。它们在互联网信息技术的推动下,有可能不断地被放大。溢出效应分为两种:一种是同化效应,一种是对比效应。同化效应是指城门失火,殃及池鱼;近墨者黑,近朱者赤;一损俱损。对比效应是你得祸我得福,你得福我得祸。品牌危机溢出效应如图21-1所示。

图21-1 品牌危机溢出效应

溢出效应是品牌丑闻这个领域常见的话题,以往学者的研究主要集中于四个层面。第一个层面是品牌系统内部。例如，某个产品不同属性之间，如电脑的CPU出问题了，大家会不会认为硬盘也有问题；或者各子品牌之间，或者是子品牌与母品牌之间，像这个孩子干了坏事，他的兄弟姐妹有没有干坏事儿呢？他的父母有没有可能干坏事儿呢？第二个层面是品牌联合或竞争对手之间。例如，我俩联合，我有问题，消费者会不会怀疑你也有问题呢？或者说麦当劳有问题，那肯德基有没有问题呢？第三个层面是行业，就是我们通常讲的"一个老鼠坏锅汤"，有一个企业出了问题，是不是整个行业都会有这种问题呢？当然，前提条件是肇事品牌在整个行业中要非常具有代表性，所发生的这个问题在整个行业中要非常具有普适性。第四个是国家层面，就是城门失火，是殃及你们家门口的鱼，还是殃及我们家门口的鱼。

二、营销实践中品牌丑闻跨国非对称溢出效应

十几年前，国产奶粉和外资品牌奶粉先后被检测含有低毒物质，而消费者的反应却有相当大的不同。大家要仔细想想为什么？这背后深层次的原因是什么？通过对网友的评论分析，我们大致找到其中的一些答案。我用天地人的框架将这些答案整合在一起进行分析。天地人的框架是一个哲学思想体系，天、地、人分开来看，也是哲学层面的概念，在不同的情境下，所指的东西是不一样的。在这里"天"主要指制度监管，"地"主要指行业自律，"人"主要指民族认同，如图21-2所示。

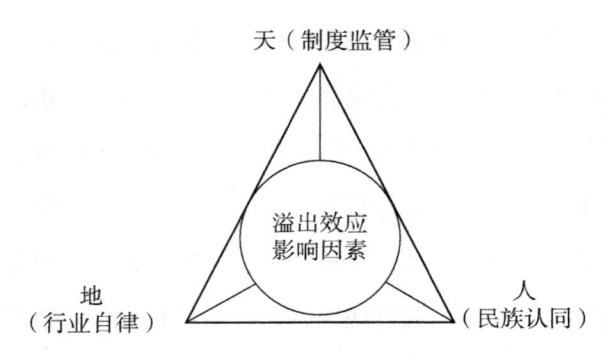

```
                天（制度监管）
                    △
                   ╱ ╲
                  ╱ ○ ╲
                 ╱溢出效应╲
                ╱影响因素 ╲
               ╱_____╲
         地                    人
      （行业自律）          （民族认同）
```

图21-2　品牌丑闻跨国溢出效应影响因素

三、天—地—人框架视角下的溢出效应分析

首先，来看"天"，从字型来看，"天"是一个大，上面一横，大像个站立的人，上面一横就是法，就像头顶悬着一把剑一样，不能越过，也有成语说"无法无天"，可见天就是法，法就是天，在这个成语中是并列的关系。"天"反映到消费者身上，就是对制度的信任。举个例子，你出门过马路，见到有人走斑马线的时候闯红灯，到了马路对面，平安无事，无人监督和罚款，那你觉得周围等待过马路的人闯红灯的可能性有多大？反过来，如果你见到闯红灯的那个人到马路对面，就被拦下了，不仅要罚很多钱，而且还要站在那儿抓到下一个人才能走。那么，你觉得其他人闯红灯的可能性又有多大呢？显然，在这个过程中，制度信任发生了转移。也就是说，人们如果信任制度，就会认为其他人发生机会主义行为的可能性比较小；反之如果不信任制度，就会认为其他人发生机会主义行为的可能性比较大。因此，我们认为制度监管越严格，同化效应就会越弱，而发讯品牌和受讯品牌所背书的国家制度监管的差异越大，对比效应就会越大。

其次是"地"，它代表着孕育和生养，拥有容纳滋养万物的能力，

第二十一讲 品牌丑闻溢出效应：天—地—人框架分析

土，代表土地；也，代表作物。有个成语叫厚德载物，如果把行业比作地，把单个企业看成作物，那么，如果每个企业都不自律，这块地就坏掉了。相反，如果每个企业都自律，这个行业就会越来越好。但一方水土养一方人，所以每个国家都有自己的优势行业及拳头品牌，如古巴的雪茄、德国的汽车、日本的电子科技类、中国的高铁、法国的享乐品等，在人们脑海里的刻板印象都非常好。由此，当人们在进行信息处理的时候，就会通过属性判断类别，或者是通过类别判断属性。例如，你认识一个东北人，就觉得他能喝酒，这是类别判断属性。还有你看到一个人非常能喝酒，你就认为他是东北人，这是属性判断整体。因此，行业自律对品牌丑闻的溢出效应会有影响。当发讯品牌和受讯品牌来自同一国家，而且消费者对这个国家某行业自律的信心感知越好，那么，品牌丑闻同化效应就会越弱。当发讯品牌和受讯品牌来自不同国家，而且消费者对发讯品牌和受讯品牌所背书的两个国家同一行业自律的信心感知好坏差异越大，品牌丑闻对比效应就会越强。

最后一个就是"人"，说到"人"字，就会常常提及情，这里说的情是指消费者的应有之情。就是说消费者因为跟某个品牌是一个国家，具有相同的民族身份而产生的情感叫应有之情。例如，消费者会以自己为参照，认为国产品牌是自己的，而外资品牌是别人的。这个时候消费者对国产品牌的情感就会上升至国家和民族认同的层面。一般情况下，如果是某个本国的品牌出现丑闻，在民族认同被激发的情况下，消费者会努力弱化它所产生的同化效应，并给予其他品牌成长的机会；同时会忽视外资品牌的产品质量，以此来偏袒和维护国产品牌的尊严和形象。如果是某个外资品牌出现丑闻，在民族认同被激发的情况下，消费者会努力降低对外资品牌的信念，同时提高对国产品牌的信念，以此来加强和提高国产品牌的尊

141

严和形象。也就是说，当国产品牌发生丑闻时，消费者民族认同感被激发的情况下，既可以弱化对其他国产品牌信念的同化效应，还可以弱化对其他外资品牌的对比效应。当外资品牌发生丑闻时，消费者民族认同感被激发的情况下，既可以逆转对其他外资品牌信念的同化效应，还可以反转对其他国产品牌信念的对比效应。

　　从制度监管来看，政府对企业的监管，要靠制度来保障，企业无论大小，也无论国产还是外资，应一视同仁，谁违反制度就应给予最严厉的处罚，构成犯罪的要依法追究刑事责任。只有这样，企业才能遵纪守法，专心经营，而不敢、不想、不会以身试法；长此以往，不仅能提高民族品牌在国内的竞争力，而且还能有利于民族品牌国际化。从行业自律来看，企业之财应取之有道，不仅要严于律己，使自己德才兼备；而且还要同心同德，让大家一起积德累功。只有这样，整个行业的形象和声誉才能天天向上；长此以往，才能提升民族品牌在自家人和外人家门口的竞争力。从民族认同来看，企业永远不要忘记与消费者有同样的根，一脉相承，有着深厚的血缘关系。当陷入品牌丑闻危机时，要及时激发消费者的民族认同，这样不仅可以减轻负面效应，而且还有可能因祸得福。

第二十二讲

品牌危机应对：舍得行为分析

各位读者，大家好，这一讲的主题是品牌舍得行为的分析。说起舍得，大家可能会想起很多相关的俗语，如大舍大得、小舍小得、不舍不得、舍不得孩子套不到狼，等等。舍是情商的体现，得是智商的体现，舍得图式如图22-1所示。从小到大我们所受的教育大多是教人们如何去得到，却很少有人教我们如何"舍"。其实我们发现舍得行为在很多领域都是适用的，如政治、军事、技术、管理、生活等各方面都有很多舍得的故事。这一讲主要讨论在危机情境下，品牌如何通过舍得行为，真正地化危为机。

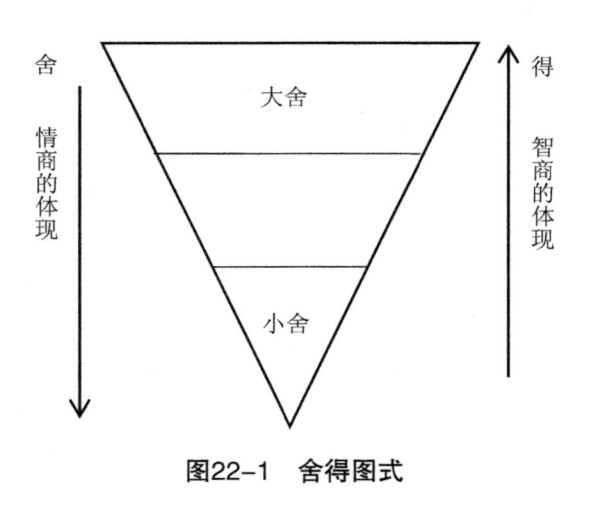

图22-1 舍得图式

一、营销实践中品牌危机大舍和小舍应对

第一个案例是关于一汽大众的。一场突如其来的暴雨夹杂着冰雹袭击了长春，位于长春的一汽—大众奥迪停车场中，估值在7587.23万元至1.62亿元的200多辆新车被暴雨浸泡。之后一汽—大众奥迪立即发布官方声

第二十二讲 品牌危机应对：舍得行为分析

明，证实这场大雨确实造成283辆奥迪A6L系列的车浸泡受损，为了确保这些车辆不会进入销售渠道，他们将这283辆受损汽车的底盘号全部向社会公布。这一举措得到了广大消费者的大力赞扬，认为一汽—大众有担当，敢于负责任。一名奥迪粉甚至感叹说这雨下得就像开水淋在心上，文艺的心情一下子沸腾了。

第二个案例是关于宜家家居品牌的。由于存在安全隐患，宜家的抽屉柜在北美市场造成了多名儿童的死亡和受伤。原因是那个抽屉柜没有固定在墙上，小孩子扒桌子时，抽屉柜容易倒下来砸到孩子。这个安全隐患有时很严重，可能会造成一些孩子的伤亡。但在中国市场"宜家夺命柜"事件持续升温时，宜家官方却认为在中国销售的抽屉柜符合中国国家标准，并且声明不召回市场上的产品，而只是免费给消费者提供约束的装置，把抽屉柜固定在墙上。这一应对的举措引发广大媒体和消费者的强烈声讨。

二、大舍的两个前提条件

很明显，上面这两家的应对措施不一样，反映在舍得方面就是程度上的差异。谁是大舍，谁是小舍呢？为什么背后的决策者，有的做出大舍，有的做出小舍呢？这取决于他们对舍的理解、体验和感悟，其中有两个重要的前提条件：第一，是否相信因果不空；第二，同理心的大小。什么是因果不空？其实就是种瓜得瓜，种豆得豆。但对于舍得行为呢，并没有一个强制性的措施，尤其是没有法律契约作为基础和保障。因此，舍和得之间会有比较大的不确定性，尤其是在时间间隔上，因果关系并没有一定的时间可以预期。这才是舍和得之间让人比较担心的问题。正如俗语所说：善有善报，恶有恶报；不是不报，时辰未到。可是谁也说不清楚它啥时候到。另外，就是舍得因果的思维抽象模糊，属于抽象思维，就是根据一些信息和线索，能够发现复杂事物之间的关联，找到客观规律存在的走向，这种走向不以人的意志为转移。因此，能够大舍的人要对因果有信心。

什么是同理心？这个同理心主要是指是否能够站在他人的立场上，设身处地去思考问题，即换位思考，而这个位置上的人有可能是一个，也有可能是一群。做到心意相通，与一个人通也是通，与一群人通也是通。如何才能做到与别人心意相通呢？就是要把别人当成自己，如果能够做到这一点，那就会把别人的事当成自己的事。所以，当品牌出现危机的时候，首先想到的是受害者、整个社会或自然界会受到什么样的负面影响，而不考虑自己，就会本能地做出大舍的决策。只有大舍才能解开品牌和消费者之间的心结，化危为机，并且能够征服消费者的心。如果是小舍，就不能化危为机，最多也就是息事宁人。

三、舍得的实践启示和应用

下面我给大家介绍两个营销实践中发生的故事。前文介绍的一汽大众和宜家的例子都是一对多，而且是消费者作为旁观者的案例。接下来，要讲一个关于品牌危机舍得的故事，是危机情景下一对一，而且是消费者作为受害者的例子。某一年，某高端饭店遇到一件事，客人在饭店吃完饭后拉肚子了，投诉菜有问题，经查证发现，确实有一道名叫"风吹牛肉"的菜，炒菜的牛肉处于过期的边缘，当时出品的时候，负责质量监督的员工也没有那么严格，就交给厨师了，导致客人投诉。店长当时按照惯例和程序先带客人看病，并且支付了医药费、路费等，并且做出了赔偿和进行了赔礼道歉。可老板知道这件事后，让员工拿一万块钱赔偿给客人，并且要再请客人吃顿饭，跟客人讲清楚，我们从制度上是如何进行整改的。于是店长就给客人打电话，客人还以为是骚扰，不愿意再回来。后来，在店

第二十二讲　品牌危机应对：舍得行为分析

长三番五次非常有诚意的邀请下，客人才来到店里，当拿到那一万元赔偿时，并听店长说如何从制度上进行整改后，客人很激动，表示我从来没有见过像你们这样的企业。

另外一个故事不是发生在危机的情境下，而是在正常的情境下发生的，不过讲给大家听一下，总能受些启发。有一个生意人经常带着女友去一家饭店吃饭，渐渐地与老板成了熟人。有一天生意人带着女朋友在店里吃饭，见到一个卖画的走进来，这个卖画的走到他面前问，要不要买画？这个生意人就翻了翻人家的画说，你这画数量太少，又没什么好画，下次你要是带30幅，我全买了。这句话听起来挺伤卖画人的心，说者无心，听者有意。过了几天，那个卖画的带了30幅画真的来了，可这个生意人并没来。怎么办呢？这个老板就跟卖画的说，你这30幅画我帮那个兄弟全买下了。那个卖画的一听，佩服得五体投地。大概过了一个月左右，生意人带着女朋友终于来吃饭了。这时，老板就走上前去问，兄弟，你还记不记得之前说过买画的事儿？生意人说记得呀，那个卖画的来了吗？老板说没有，那兄弟就松了一口气，但老板说，我帮你把那30幅画买下来了，那生意人突然又觉得很有压力。老板说你看看，能买多少幅，就买多少幅，不想买，只要看上了，我送给你。这个时候，那个生意人满脸涨得通红，再看看左边的女朋友，咬咬牙，说我买10幅吧。后来，老板把剩下的20幅挂到了店里做装饰品。从此以后，卖画的和生意人，都成了这个老板的铁杆粉丝。

这两个故事充分说明了大舍才能大得的道理。可能有的同学还是不明白我所讲的。例如，在前面那个"风吹牛肉"的故事中，是不是征服了那个客人的心；在后面这个买画的故事中，是不是征服了卖画的和暴发户的心？在营销实践中，经常提到要打动、感动客户的心，实际上，征服客户的心最难。另外，大舍之后就会有故事，这些故事易于传播，而且很吸引人。所谓故事创造效益就是这么来的。经济学教会我们的是市场的逻辑，按照市场规律办事，所谓市场规律讲究的是一手交钱一手交货，而且钱和货要对等。而大舍的行为突破了这个逻辑。举个简单的例子，你买一碗面条，正常情况是七八块钱一碗，结果你给老板200元，说买一碗面条，你看老板是什么反应。有两种可能，一种认为你是神经病，脑袋坏了；另一种会对你特别好，给你做一碗豪华版的面条。所以，大舍是超出市场规律和市场逻辑的行为。这种行为会产生很多意料之外的收获，而且这些收获无法量化计算。

除此之外，通过分析舍得与时间的关系组合，可以知道人们所作决策是否科学合理，如图22-2所示。

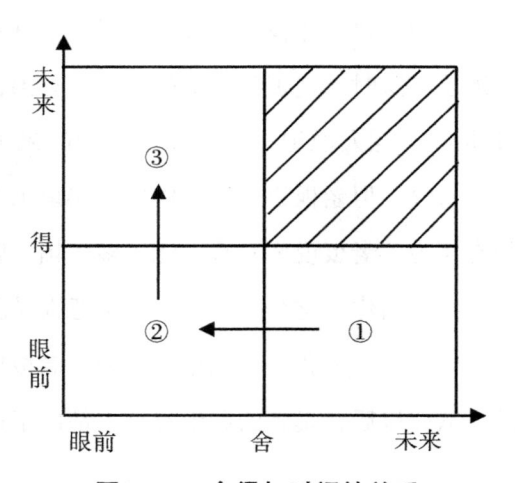

图22-2 舍得与时间的关系

在时间维度上，存在三种关系类型：一是舍未来得眼前，二是舍眼前得眼前，三是舍眼前得未来。其中，时间间隔可以较短，也可以较长，甚至长到没有把握判断未来结果。你的决策在哪个象限比较多呢？最后，

第二十二讲 品牌危机应对：舍得行为分析

总结一下，品牌小舍只能化危，却不能化危为机。而品牌大舍不仅能够打动、感动消费者，更能征服消费者的心，会在品牌危机之后，从根本上解开品牌和消费者的心结，同时所创造的故事效益也是无法衡量和计算的。希望这一讲能够给大家一些启发。

第二十三讲

品牌延伸：一家旅游企业的尴尬

各位读者，大家好。这一讲的主题是品牌延伸的案例分析。这个案例以一家旅游企业为例进行讲解。在讲这个例子之前，先说明一下，理论与实践怎么相结合？为什么有些MBA的学员，或者是企业的员工认为学校老师讲的理论，对他们来说没有多大用处，或者说是不好用。原因在哪里呢？其实，不是学校老师讲得不好，也不是员工做得不好。而是因为老师讲的理论代表着一般和普遍，员工所做的实践代表着具体和特殊。一般和普遍，具体和特殊，是不一样的东西。所以，在用之前需要理论的切换和转换，如果没有找到行业的特殊性，或者找到自身的特殊规律，那就不能够很好地将理论应用到实践中，发挥理论的效力。

一、旅游行业的特殊性

以旅游行业为例，首先，大家思考一下，旅游行业自身有什么特殊规律？如果说这个问题有点宽泛，那就思考为什么旅游行业经常会报道负面新闻，尤其是宰客的事件呢？大家在旅游过程中，有没有被宰的经历呢？进一步思考为什么旅游行业会有那么多的机会主义行为呢？如果这些问题想清楚了，旅游行业自身的特殊规律也就找到了，如图23-1所示。接下来，我带大家一步一步地分析旅游行业的特殊性。旅游行业与快速消费品行业有什么区别呢？例如，旅游业与卖矿泉水、卖方便面有什么区别呢？

图23-1 旅游行业的特殊性

第二十三讲　品牌延伸：一家旅游企业的尴尬

一般情况下，矿泉水和方便面，它们都会出现在市场的终端，去商店就能看到，而且触手可及。但是旅游景点呢？你去商店能触手可及吗？显然是不行的。我们只能看到景区的广告宣传，而广告宣传跟景点的实际情况有很大差别。这就是我想告诉大家的第一点特殊性，即信息的不对称。在快速消费品中，买方能够看得见摸得着他想买的产品，而在旅游行业，游客必须到景区才能看到真正的景点。这造成了渠道上的差异，在快速消费品行业，是产品在渠道上发生物体的转移，而在旅游行业，是游客在渠道上发生物体的转移，一个是物，一个是人，这里面的差异很大。另外，在快速消费品的购买过程中没有中间环节，而在旅游行业，游客要到达景点中间有很多环节，如交通、住宿、吃饭等。由于信息的不对称，如果行业自身再没有加以规范，这些中间环节都有可能会出现机会主义行为。

那么，第二个特殊点是什么呢？请问，同一个景区，一般会去旅游几次？一般情况下，不会去很多次，去第二次的机会都很少。除非你家就住在景区附近，每年都有亲戚朋友来玩，然后你会带他们去景区，这样你有可能会经常去同一个景区。除了这种特殊情况，大部分情况下，都是单次购买，也就是去一次就够了。在快速消费品行业呢？不少品牌的产品，我们都会重复购买，而不是单次购买。重复购买和单次购买，哪一种情况下，卖方出现机会主义行为的可能性较大？讲到这里大家应该明白旅游行业自身的特殊性是什么，一个是信息不对称，景点不动，是游客在动；一个是单次购买，而非重复购买。

二、旅游整体产品分析

接下来，带大家分析旅游企业所面临的尴尬处境。一般旅游企业在当地都只管理着景区或景点的资源，如住宿、餐饮等只有很少是自己掌控的。旅游专业的人都知道旅游整体产品包括吃、住、行、游、购、娱六个环节，如图23-2所示。而旅游企业只掌控游这一个环节，其他环节暂时没有掌控。这六个环节内在也有一定的逻辑关系，哪个环节最重要呢？显然，是游这个环节，如果没有游，就没有其他几个环节。但是游这个环节的利润大还是其他几个环节的利润大？大家可以算一算。到一个景区游玩，门票两三百元，你心疼不心疼？不少人会说心疼。但要说吃一顿饭，喝一瓶酒，或者住一晚，花上几百元，甚至上千元的时候，也许你会觉得正常。为什么呢？因为人的心理账户在作怪。因此，如果一个景区游客多，那么每个环节都赚钱，而且除了游，其他几个环节赚得还相对多一些。因为游在景区建设的投入成本一般都不低，不管是人工建设的现代科技类景点，还是天然景点。但是如果一个景区的游客少，那么每个环节都不赚钱，这个时候会发生什么呢？就是这些外部环节，包括当地政府都会将责任归因于游，也就是旅游企业，怪某某企业没有把游客吸引过来。

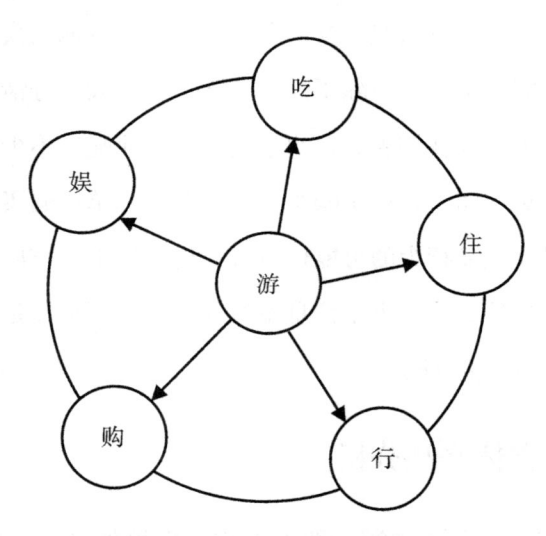

图23-2 旅游整体产品的构成

第二十三讲　品牌延伸：一家旅游企业的尴尬

由此可见，旅游企业的处境是不是很尴尬？而且其他几个环节出现机会主义行为的时候，旅游企业还拿他们没办法。例如，旅游企业的销售人员在外地组织了一个50人的团，当给酒店打电话订房间的时候，酒店说只能给30人提供房间，另外20人找其他酒店。客人一听肯定不同意，结果这个团就流失了。还有的客人，在景区吃饭或者交通的体验不好，也打电话到旅游企业投诉，或许这些事根本与旅游企业没什么关系，因为这是饭店和交通的问题，但游客不知道，他们不管三七二十一，看到景区有投诉电话，就打过去了。当遇到这些问题的时候，如果你是旅游企业的领导，你会怎么办？很多人说进行品牌延伸，向吃、住、行、购、娱几个环节延伸，建宾馆、建饭店、买断景区周边的线路经营权、建购物中心和游乐场等。

这个方向大致是对的，但在操作上还要仔细斟酌。首先进行品牌延伸，向其他几个环节扩张，进行产业链的升级，不仅需要钱，而且需要地，更需要人。另外，当进行品牌延伸之后做什么呢？你就可以想象把门票的价格逐渐降低，直至为零时那个火爆的情景，据了解，国内很少有景区或景点门票免费。但杭州的西湖就做得很好，它不收门票，却可以从吃、住、行、购、娱其他几个环节赚钱，这么做的前提是它已经掌控了其他几个环节。国内的景区很少有旅游企业掌控其他几个环节，大多数都只是拥有旅游景点资源。品牌延伸会大大提高旅游的交易效用感知，什么意思呢？意思是以前门票是两三百元一张，现在免费，与参照点相比，游客会感觉自己赚了两三百元。

三、品牌延伸之后怎么办

接下来，大家需要思考的是，在品牌延伸之后，也降低了门票价格，直至为零，这个时候新的问题又出现了，就是半年的淡季怎么办？因为很多景区，尤其是山水大类的景区，都存在淡旺季，淡季是从当年的11月到次年的4月，旺季是从当年的4月到10月。旺季的时候还好说，但到了淡季怎么办？在品牌延伸的时候，摊子铺得那么大，各个环节的维护管理费用也是很高，如果半年没有生意，你怎么办？因此，建议景区可以尝试着做淡季的产品，无中生有，做出新的景点，或者是有特色的活动，如滑冰场、特色餐饮、引进迪士尼游乐场品牌等。当然也可以通过促销活动吸引游客，最常用的手段就是打折，也就是在吃、住、行、游、购、娱几个环节上打折。还有就是一方面在市场上做品牌推广和宣传，另一方面建立销售网点和销售队伍，对接旅行社，主动出击。同时还要想办法降低品牌延伸这几个环节上的成本，进行成本控制等。

最后，我对这一讲的内容做个小结，一是理论向实践的转换，要发现行业的特殊性；二是旅游行业的特殊性在于信息不对称和单次购买；三是旅游企业品牌向吃、住、行、购、娱环节延伸，延伸之后将门票降为零；四是解决淡季问题的思路。

第二十四讲

品牌系统概述：多子就会多福吗

| 品牌管理思维三十三讲

各位读者，大家好，这一讲的主题是品牌系统概述。首先大家思考一个问题，就是一个企业只做一个品牌好，还是做很多品牌好？通俗来讲，就是一个家庭养一个孩子好，还是养多个孩子好？多子就一定多福吗？是把鸡蛋放在一个篮子里好，还是放在不同篮子里好？当然，仁者见仁，智者见智，而且各自有不同的理由。例如，有人认为对不同的市场细分，就应该创建不同的品牌，这样就能产生规模经济和范围经济，并且品牌系统中的子品牌还可以相互补充，形成协同效应。也有人持反对意见，认为多品牌会消耗公司过多的资源和精力，难以集中形成优势，万一产生的不是协同效应，而是内耗或稀释效应怎么办？要想回答这些问题，就需要从品牌系统的基础知识学起。

一、品牌系统的定义及分类

由于市场竞争日益激烈，消费者需求不断升级，企业需要通过不断增加新的细分品牌，来满足消费者的需求和提高竞争力，那就要构建品牌系统。什么是品牌系统？品牌系统是指不同品牌的组合，它具体规定了各品牌的作用，各品牌之间的关系以及不同产品的市场环境。例如，宝洁和欧莱雅这两个品牌，它们都有一个多品牌的组合系统。它们每个品牌都有对应的细分市场，在每一个细分市场上，不同品牌的市场运作方式也不同，有多种产品和渠道，需要对它们进行团队式管理，从而使它们相互补充，避免相互牵制，产生协同效应。而产生协同效应的程度或大小，取决于企业是否有一套清晰合理的品牌系统。

首先，品牌系统的目标之一是建立强势品牌。什么是强势品牌，就是

第二十四讲 品牌系统概述：多子就会多福吗

在市场上某行业内数一数二的品牌，而且这个品牌要有很强的生命力，什么意思呢？就是即使出现一些品牌丑闻，它也能扛过去。其次，配置品牌资源，建立协调，平衡品牌资产。就是把企业的资源在不同的品牌之间进行配置，实现协同效应。举例来说，如果你家资源有限，却生了好几个孩子，那你怎么分配资源或者爱呢？所以，资源的配置，利益的平衡，在品牌系统的运作中就显得非常重要。再次，品牌系统的分类，根据西方文献的翻译叫作品牌体系关系谱，包括品牌化的组合、亚品牌、托权品牌、多品牌组合四种，其实这四种分类从前到后就是单一品牌到多品牌的一个过渡。因为这是翻译过来的，所以不容易弄懂。为了便于理解，我把它归纳为三类，如图24-1所示。第一种为单一品牌，如李宁、雀巢、联想等，旗下虽然有很多产品，但使用的都是同一个品牌。第二种为主副品牌，即母品牌在前，子品牌在后。如海尔的小小神童、苹果的5和5S等品牌，旗下不同的产品有自己的名称或级别，但宣传时前面还是要有母品牌的字样。第三种为多品牌，如宝洁和欧莱雅等品牌，这些公司旗下的不同产品都有一个自己的名字，如宝洁旗下有海飞丝、飘柔等，欧莱雅旗下有郝莲娜、羽西、兰蔻等。关于三种品牌系统类型适用的条件和利弊后文再做详细介绍。

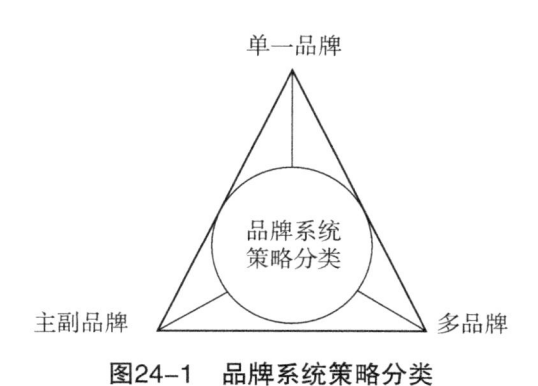

图24-1 品牌系统策略分类

二、品牌系统的结构及价值基础

品牌系统结构包括五个方面的内容。第一个是品牌组合结构，或者是品牌范围。具体指品牌体系的模式，描述了各品牌间的相互关系，说明内容为：品牌体系结构的逻辑是什么；该逻辑是否促进了品牌间的协调和平衡，是否使企业品牌运营更有方向、更有次序。第二个是品牌数量。它是品牌体系结构中的一个基本参数，说明内容为：应该增加还是删减品牌数量，必须从系统化的框架来考虑添加或删减品牌；应由具备组合眼光的人或团队来决定；因为，有时增加品牌能加强整个品牌体系，而有时增加品牌会削弱整个品牌体系。第三个是品牌组合的作用。为人们更系统地考察品牌体系提供了一个工具。主要是考察体系内各品牌间的关系，以及各品牌在整个体系中的角色和所承担的任务；品牌组合可以按照价位区间划分，也可以按照子品牌所承担的角色任务划分，比如有的是旗舰品牌，有的是一般品牌。第四个是品牌的角色。这个主要强调母子品牌或主副品牌之间的关系，即几个产品品牌结合起来可以描述某个母品牌的特征。如别克旗下有君威、君越、英朗等子品牌。第五个是品牌组合的图形。主要是母品牌和子品牌在产品的包装设计，或者是广告宣传中，该如何进行背书或者组合。如宝洁在海飞丝的产品包装上该如何背书，海飞丝该如何设计包装上的字体、色彩和图案等，与其他子品牌如飘柔做出区别。

在了解品牌系统结构之后，还应了解的是构建品牌系统的价值基础。构建价值基础需要注意三个方面的问题：第一是范围，就是细分市场的数量和品牌的数量；第二是竞争，就是品牌体系中各品牌的定位是否相似，同样的消费者，品牌间是否存在相互竞争；第三是定位，就是消费者对各品牌质量和价格的感知。那么，在构建品牌体系的过程中，该如何解决这三个方面的问题？库马尔在《营销思变：七种创新为营销再造辉煌》一书中，通过详细阐述3V价值模型的内涵及其应用给出了答案。3V价值模型，即价值顾客、价值主张和价值网络，如图24-2所示。价值顾客，即我们正在或将要为谁服务？价值主张，即我们能够向外部价值顾客提供什么？也就是价值主张是什么？最后是价值网络，即我们怎样创造价值，并将价值传递给外部的价值顾客？

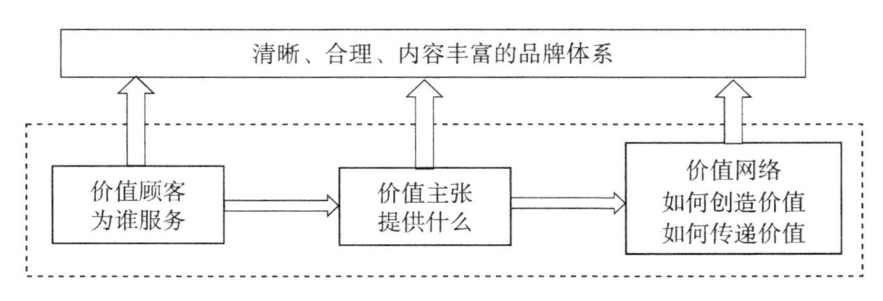

图24-2　构建品牌体系的价值基础

资料来源：改编自［美］库马尔.营销思变：七种创新为营销再造辉煌［M］.李维安，张世云，译.北京：商务印书馆，2006.

整体的逻辑思路是：细分市场，寻找并识别价值客户，开发新产品并增加新品牌，提出与之相适应的价值主张，然后构建低成本、高效率的价值网络，创造并传递价值。这里请大家思考几个问题：按照价值创造、价值传递、价值实现的逻辑，仔细审视企业内部的职能部门，如果职能部门不在这条价值主线上，可考虑以减员、外包等手段降低成本；如果在这条主线上，可考虑加大资源的投资力度，形成自身的核心竞争优势。另外，就是如何开展价值传递，才能够增加产品和服务的附加值，最终顺利地产生溢价？也就是说，你做了一分努力，经过你的传递，让人感觉你像做了十分的努力一样。因为有很多企业背后做了十分的努力，可传

161

递出来的效果让消费者感觉到的也就是一分努力，如此根本就无法获得产品或服务的溢价。再加上面临房租、人力和原材料等成本的上升，导致企业经营困难。

三、品牌系统的三个策略

品牌系统的三个策略，在前文也简单介绍过，就是单一品牌、主副品牌和多品牌策略。单一品牌系统策略是指企业生产和经营的多种不同产品统一使用一个品牌名称。这种策略在家电、服装和电子科技类产品中应用广泛。单一品牌系统下的多种产品既可以体现在同一范围的产品线上，又可以体现在不同范围的产品线上，这与市场营销学课程中讲到的产品线组合的深度、广度和宽度类似。优点是当新产品上市时，可以借助单一品牌以往的良好形象顺利投放，并取得较好的市场绩效。缺点是如果旗下有一个产品出现丑闻或者产品质量危机，将会殃及单一品牌旗下的其他产品。主副品牌系统策略是指企业在进行品牌延伸时，对延伸产品赋予主品牌的同时，增加使用一个副品牌的做法。这种策略的优点在于能够从整体上对公司或家族品牌的联想和态度加以利用，在借助主品牌优势的同时，还可以创造子品牌或副品牌的个性，同时节省营销费用。缺点在于副品牌的失败会影响到主品牌的形象，同时成功的副品牌也可能会淡化企业主品牌的形象。这种策略在应用时要注意主副品牌之间的相关性。第三种是多品牌系统策略。就是给每一种产品取一个名字，而且在品牌形象传播的时候，母品牌只是作为背书，主要凸显子品牌。其优点在于具有较强的灵活性，能够充分适应市场的差异性，也有利于提高产品的市场占有率。其缺点在于品牌管理的难度比较高，而且增加了营销成本，还有可能引起子品牌相互之间的竞争。这种策略多出现在快速消费品和日化用品等行业。

第二十五讲

品牌系统策略：好地长出好作物

各位读者，大家好，这一讲的主题是品牌系统策略。第二十四讲已经讲过单一品牌、主副品牌和多品牌策略。这一讲主要从三个层面来理解品牌系统策略，第一个是国家品牌；第二个是区域品牌；第三个是企业品牌，如图25-1所示。

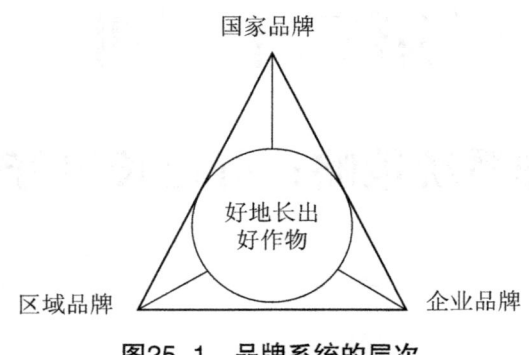

图25-1　品牌系统的层次

一、国家品牌系统

国家品牌就是主品牌，而不同行业数一数二的企业品牌就是副品牌。主品牌大于副品牌，也就是包含副品牌，两者相互影响。在全球经济的竞争与合作环境下，经济产业成为各个国家之间竞争的重要领域，而产业形象则成为国家形象的重要组成部分和重要支撑。就如日本前首相中曾根康弘曾经说过："在国际交往中，索尼是我的左脸，丰田是我的右脸。"从这一点来看，对于中国国家形象来说，华为、联想、海尔、阿里巴巴、百度、腾讯等每一个走出去的企业品牌，在国际化的进程中都起到了子品牌的作用，它们在国际市场上做得好，就会对母品牌中国国家形象的塑造起到很好的推动作用。除了企业之外，我们每一个中国人也都是一个子品牌。例如，我们到国外旅游时，言谈举止符合他国当地的文化习俗和行为规范，就会在当地人心目中塑造中国国家品牌形象。因为中国的每个企业，每一个人都是中国国家品牌形象的构成要素。当然，中国国家品牌形象变好了，也会对中国每个走出去的企业和走出去的国民有很大的帮助。

二、区域品牌系统

中国不乏区域特色品牌，如云南普洱、沙县小吃、兰州拉面、武汉鸭脖子等。可有很多区域的特色品牌做不大，意思是区域品牌很响亮，但很少有企业能够成为区域品牌的龙头，都是一些小门店、小品牌。区域品牌是主品牌，而区域下面的小企业和小品牌是副品牌。区域品牌大不大，小不小，强不强，弱不弱。原因何在？其一是区域品牌的归属权不清晰。区域品牌是属于大家的，没有一个明确的归属权，大家都在用，是属于政府的，是属于行业的，还是属于某个企业的？说不清楚。有的人经营区域品牌正直善良，有的人经营区域品牌投机钻营。这个时候，区域品牌形象就有好有坏，没法统一朝着一个方向发展。其二是区域品牌在产品层面没有一套明确的识别系统。这套识别系统，主要是用来让消费者识别自己，区别他人的。另外，就是这套识别系统能够体现产品的正宗性，你也生产普洱，我也生产普洱，谁的更正宗？为什么呢？例如，在消费者眼里来自云南普洱市的普洱茶最正宗，可怎么知道这是不是来自普洱市呢？又怎么知道这是普洱市最正宗的普洱茶呢？有不少人要说了，王老师，我们有一套技术标准，也有一套制作规范，可问题是消费者不知道，如何让消费者准确地进行识别，这个很重要。其三是区域品牌的供应商散、乱、小，而渠道上的分销商也是散、乱、小，造成供产销中两头都非常难控制。大家在产品、服务、价格等各方面同质化非常严重，在消费者眼中，没有太大区别，这就是红海。区域品牌下各商家门店相互搏杀，最后很少有能够走出来的。

这个问题该怎么解决呢？第一步应该是在区域品牌下，对一些有潜力的企业进行引导，使其具有差异化、跳出红海，形成区域品牌的龙头企业，起到很好的示范和带头作用。如武汉的鸭脖子，之前有很多名字，如九九鸭脖、绝味鸭脖等。但后来周黑鸭就出现了，它的差异化是产品颜色稍重，看起来有点黑，所以叫周黑鸭，这是从产品属性层面与别的鸭脖子区别开来；其次定价稍高，这就跳出了红海，不跟其他产品杀价，脱颖而出；加上周黑鸭只做直营不做加盟，对渠道进行了很好的控制，所以才有今天的市场地位。这一点值得区域品牌学习。第二步是针对产品的正宗性设计一套识别系统，而这套系统不容易模仿，更重要的是这套识别系统主要是给消费者看的，得让他们看得懂。周黑鸭就有一套系统的品牌识别方法，而且受法律保护。如果没有这套系统，就很容易会出现山寨和模仿的做法，这样就把市场秩序做乱了。区域品牌可以采用不同的产品包装标记，来识别和控制产品的去向，这也是一种解决问题的办法。第三步是从进口和出口两个方面进行把关。一方面供应商在向市场供货的时候，一定要严格把关，仔细筛选，不能以次充好流入市场；另一方面是终端的分销商，或者说是门店，可以利用现代信息科技手段，让消费者在购买产品时，可以直接在手机上查这个销售点是不是某个区域品牌正宗产品的授权专卖点。如果能够做到这三步，区域特色品牌的建设应该会更好。

三、企业品牌系统

关于企业层面的品牌系统策略，第二十四讲已经介绍过一些基本的理

第二十五讲 品牌系统策略：好地长出好作物

论知识，本讲主要结合餐饮行业介绍一下它的营销实践应用。对于不同行业，希望大家思考一下，如果这个企业选择了单一品牌策略会怎样？如果选择了多品牌策略又会怎样？那么在餐饮行业，是选择每家门店统一使用同一个品牌，还是每家门店都使用不同的品牌？这取决于什么？目前，市场上大多数餐饮品牌使用的都是单一品牌，如肯德基、麦当劳、海底捞、真功夫等，它们为什么能够使用单一品牌？因为它们的产品标准化，服务也趋向于标准化，在全国乃至全世界开的门店很多，采用单一品牌能够实现品牌的规模成本效应。而采用多品牌，即一家门店一个品牌的有没有呢？也是有的，只是这样的餐饮企业属于隐形的，不为大众所知。

也有人提出一个极端的想法，就是如果做中餐，在区域或者局部市场上，每家门店都取不同的品牌名称，理由是每家门店的情况都不一样，这叫一店一情况，这怎么说呢？门店的地段选址不同，房租、房东不同；周边是社区还是商区，环境不同，所面临的客户也有所区别。因为门店网点比较少，根本不需要像单一品牌那样在媒体上统一打广告。听起来好像有道理，但其实这么做的成本太大。所以，做中餐不是在全国或者全世界采用单一品牌，也不是每个门店都使用一个品牌，而是在某个局部的区域市场采用单一品牌，换到另外一个市场的时候，可以入乡随俗，再创建一个品牌。这样不仅可以分散风险，还能局部实现单一品牌的规模效应。就是如果你做中餐，可以在河南创建一个品牌，在湖北创建一个不同的品牌，但在河南市场或湖北市场内部使用同一个品牌，在不同省份可以使用不同的品牌。这是一个折中的做法。前提是产品和服务差异化比较严重的时候才使用这种策略。

第二十六讲

品牌关系的形成：缘分的解读

| 品牌管理思维三十三讲

各位读者，大家好，这一讲的主题是品牌关系的形成。说到品牌关系，首先是人际关系，因为品牌关系的概念界定以及理论发展，都是依据人际关系理论而来的。品牌与消费者能不能建立关系呢？究竟该建立何种关系呢？

一、品牌关系的研究及分类

1998年，有一位加拿大的学者（Susan Fournier），她在营销国际一流期刊Journal of Consumer Research上发表了一篇论文。题目为Consumers and Their Brands:Developing Relationship Theory in Consumer Research.这篇论文可谓品牌关系的开山之作。作者采用传记案例研究法，对三位处在不同生活阶段的女士进行了访谈分析，其中两位正处在阶段性的转变过程中。第一位是Jean，一位59岁的招待员，同丈夫一起生活；第二位是Karen，是一位刚离婚的39岁的上班族，两个孩子的母亲；第三位是Vicki，是一位23岁的研究生，正在修读最后一年的课程。作者跟每个被调查者进行了总共12~15小时的访谈，包括4~5次的家庭访谈，历时3个多月，最后给这三位女士每人100美元作为报酬。这个作者从三位女性身上总共搜集到112个品牌故事进行分析，分析这三位女士如何与112个品牌建立关系，又是怎么看待这些品牌的。想问大家一个问题，从小到大，有多少品牌你一直在用，有哪些品牌用了很多年现在不用了，又有哪些品牌用了很短的时间？

根据访谈搜集的材料分析，Susan Fournier把品牌关系划分为15种形态，大致可以划分为四种类型：第一种是朋友关系，即把品牌当成朋友，具体包括普通朋友关系、最佳朋友关系、承诺性伙伴关系;第二种是婚姻关系,这个有点难以想象,即把品牌当成自己的另一半,具体包括包办婚姻、便利性婚姻和亲戚关系;第三种是情绪性关系,即与品牌之间的关系受消费者情绪和情感的影响很大,具体包括逃避关系、依赖关系、敌意关系、秘密恋情关系和奴役关系;第四种是暂时性关系,具体包括冲动性关系、求爱或追求关系。

二、品牌关系中的缘分和信任

根据西方万物有灵论来说,品牌是物,它是有生命的,但毕竟和人还是有区别的,所以与消费者建立关系的还是品牌背后的人。有的是品牌后台的人,如企业家、产品研发人员,消费者接触不到,只能神交,即只能感受品牌背后人的意识。但是品牌前台的人,如一线门店的促销员或者服务员,消费者能够接触到,可以结交。在这种情况下,消费者与品牌之间的关系大多体现的是与一线销售人员之间的关系。所以在销售行业中,才会有"要想卖产品,先要消费者接受你这个人"的说法。这也就是说,人还没有被接受的时候,事儿是很难办成的,也就是你的产品很难卖出去,更别提与消费者或客户建立关系了。那么,怎么来理解这种关系?个人认为,这是缘分的事情。缘分可以理解为认识、认可和认同三个阶段,如图26-1所示。首先,认识是指见面,你认识我,我认识你。其次是认可,是我觉得你是对的,但并不一定代表我是错的。最后是认同,就是你是对的,我愿意跟你一起走。就拿品牌来说,相识是缘,这叫缘分来了;同样,分开也是缘,那叫缘分尽了。这是从缘分的角度来理解品牌关系。

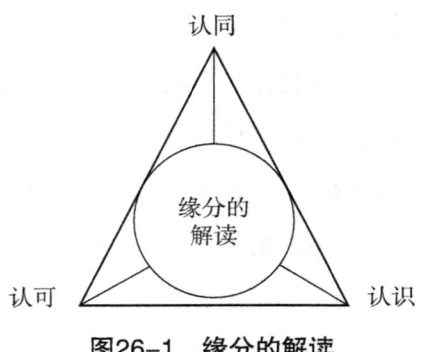

图26-1　缘分的解读

接下来，我们再想想什么因素对关系的建立和互动影响很大？我认为是信任。其实信任在学术界是关系领域研究的主流。消费者究竟信任品牌什么？主要有三个方面：一是正直，即相信这个品牌是正直的，走正道；二是善意，即相信这个品牌是善良的，其实这两个方面说的都是做人；三是能力，就是相信这个品牌旗下的产品质量是过硬的。通俗来讲，就是我相信你的人品，还是相信你的能力，信任的内容如图26-2所示。有的品牌人品很好，但能力一般；而有的品牌能力很好，但人品很差；也有两个方面都好，或者都差的。杰克·韦尔奇在《商业的本质》中说过，每一次关系的互动都应该增进彼此的信任，而不是破坏双方的信任。在关系的处理中，你是这么做的吗？当然在关系的建立和互动过程中，还有很多其他重要的影响因素，如沟通、理解、包容等。这些都有利于关系的形成和发展。

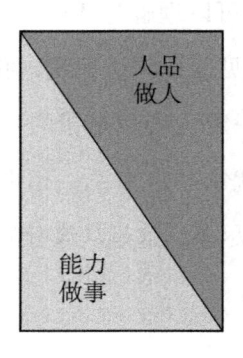

图26-2　信任的内容

三、品牌关系的阶段和关系规范

品牌关系一般都有哪几个阶段？根据品牌关系动态模型，有6个阶段，包括注意、了解、维持、下降、断裂和再续。

一是注意阶段。在市场上卖家很多，加上消费者的注意力资源又非常稀缺，如果你的品牌在局部或整体市场上不太知名，那么，就很难有消费者去购买你的产品。所以在这个阶段，一定要想办法引起消费者的注意，当然加大广告的投放力度是常用的手段。

二是了解阶段。在这个阶段通过广告的传播、产品的使用和购买过程中的体验，等等，让消费者对品牌逐渐形成一个整体的认识。

三是维持阶段。在这个阶段要保持稳定的状态，随着消费者与品牌之间频繁的接触，双方对彼此的满意度和认同感逐步提高，关系双方的吸引力也变得越来越大，就会形成较高的品牌忠诚度。此时，消费者就会对品牌进行正面的口碑传播，重复购买和购买延伸产品。

四是下降阶段。即关系时间长了之后，难免会出现各种各样的失误或误解的行为，这些都会给消费者带来伤害和不满意，会让双方的关系发生倒退。其实引起关系退化的原因有很多，如一方或双方的社会需求得不到满足；发现了更合适的关系伙伴；消费者需求发生变化等。

五是断裂，即关系下降之后，由量变到质变，直到一个消费者停止光顾一个特定的供应商的经济现象。这种断裂有可能是暂时的，也有可能是永久性的。如果是暂时的，就有可能再续，也就是最后一个阶段，即第六阶段。品牌可以通过赔礼或赔钱，或其他手段，修复消费者对品牌的情感和信任，重新与消费者建立关系。

关系的这几个阶段是不是放在哪里都一样？如果你放在人际层面，也是这几个阶段；如果你放在男女恋爱上，也是如此；如果你放在民营企业家与职业经理人身上，结局也是一样。如果把6个阶段简化成3个，我认为第一阶段应该是一见钟情，第二阶段是摩擦分歧，第三阶段是不欢而散。大家可以想想这三个阶段放到人际、恋爱、生意合作上是不是也适用呢？与这一讲前面所提到的缘分的三个层次实际上是对应的。因此，关系的维持和管理就相当重要了，稍有不慎，就有可能断裂或分开，因此付出的成本往往是巨大的。

最后，还想给大家讲一下关系的类型。一个是交易关系规范，一个是共享关系规范。这是西方人发明的，是指人与人，或者人与品牌，在互动过程中，按照不同的行为规范去做。什么是交易关系规范？就是今天我请你吃一个鱼头，你明天或后天也要请我吃一个鱼头。这里面包含三个要素，一是时间，要尽快请我，就是即时或短期内要给予回报。二是对等，我请你吃的是鱼头，你就不能请我喝稀饭。三是鱼头可以用金钱衡量。什么是共享关系规范？就是今天我帮你一个忙，一个月甚至两个月以后，你回过头来也帮我一个忙。这里面的三个方面与交易关系规范是不同的。例如，其一是时间不要求即时或短期内给予回报；其二是不一定对等，因为帮忙不太好衡量它的对等性；其三是不能用金钱来衡量，因为帮忙是出于关心。大家可以根据这三个方面，来检视一下自己，看自己是交易关系规范的人，还是共享关系规范的人。平时我们跟人交往的时候就需要注意，遇到交易关系规范的人就按照交易关系规范来互动，遇到共享关系规范的人就按照共享关系规范来互动。

第二十七讲

品牌关系的管理：谈钱伤感情

各位读者，大家好，这一讲的主题是品牌关系的管理。说到关系，大家都不陌生，而且从小到大都建立了各种各样的关系，有家人、同学、朋友、同事等，翻开手机看看，联系人变得越来越多。但我想请问大家，那些联系人你都多长时间联系一次？联系比较频繁的是哪些人？为什么呢？这些问题放到品牌上面也是适用的。从小到大，我们与很多品牌建立了关系，但只有极少数的品牌保持着较高的购买频率，而且还是阶段性的。要想实现人与人之间，以及人与品牌之间关系的管理，首先要做的是关系的分类，其次是掌握不同分类之间互动的关系规范。

一、差序格局的分析

第二十六讲介绍了Susan Fournier对品牌关系的分类，那是西方人的做法。这一讲重点介绍中国人对关系的分类。社会学家费孝通老先生在他写的《乡土中国》一书中提到的"差序格局"显示，中国人的关系可以分为家人关系、熟人关系和陌生人关系，他说中国人的关系像一块石头丢到池塘里面，荡起一圈圈的涟漪一样，如图27-1所示。后来在黄光国、翟学伟、杨中芳、杨宜音等老师的发展下，中国人的关系分类不断丰富。如果大家感兴趣，可以去看博雅系列丛书，以及几位老师的著作。在人际交往和品牌关系的互动过程中，对不同的关系类型，我们应该采取不同的关系规范进行互动。例如，家人关系规范的核心是需求法则，即一家人之间，只要有需要，就可以从这个家庭里面获取资源，而且有时候是不计代价地给予。就像你回家吃个馒头，你的爸妈是不会向你要钱的。

第二十七讲　品牌关系的管理：谈钱伤感情

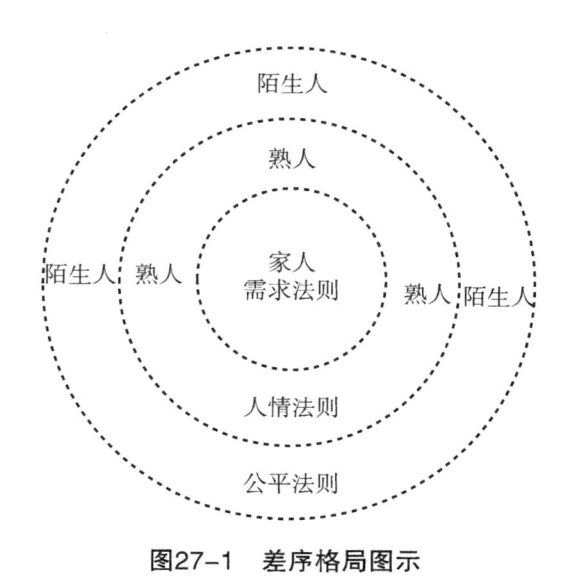

图27-1　差序格局图示

以此为基础，向外延伸第二层就是熟人关系，互动规范的核心是人情法则。还有就是现在社会上的红白喜事，人们相互之间送红包，有的地方叫送人情。就是你今天帮我一个事儿，过段时间我帮你一个事儿。所以有人说欠人情，就是这个意思。再向外延伸第三层就是陌生人关系，互动规范的核心是公平法则。陌生人就是你不认识我，我也不认识你，然后我们之间发生了一些业务上的联系，那就公事公办了。例如，有一次我到车管所去更换驾驶证，窗口排了很多人，需要等一段时间才能轮到我，这个时候我发现旁边有一个人，那个人就是我买车的4S店的员工，在车管所驻点专门帮忙为客户办事儿的。我就叫他，向他说明了我的情况，结果他说你把驾照和材料给我，我来给你递进去。结果，很顺利地办完了。我想这就是因为他长期在车管所驻点办事儿，跟工作人员已经成为熟人，而我跟工作人员还是陌生人。这就是区别所在。因此，关系似乎提高了办事的效率，但我要提醒大家的是关系也有它不利的一面，就是很容易让人陷入人情的困境。因此，为了保持关系的长久，人与人之间保持适当的距离是非

177

常有必要的。这方面大家可以多思考，多感悟。

　　接下来，大家需要思考的是，这三层关系的背后是什么？也就是说这些关系规范是如何形成的？这就不得不再次提到乡土中国，因为中国社会几千年都是农耕、乡土的社会，这种生活方式影响了人们的思维和关系规范的建立，而且根深蒂固。因为几千年来人们都是靠种地吃饭，而土地又不能流动，所以种地的人流动的可能性也不大，流动的频率也不高，在这种情况下，人们的关系相对稳定，都是长期导向的思维模式，逐渐形成了熟人社会，这种情况下人情就起到了排斥机会主义行为的作用。当然，还有游牧文化和海洋文化，它们也会对人们的思维模式起到很大的影响，而且与农耕文化有区别，这个大家多阅读一些相关的书籍，多观察一些实践活动，就会总结出很多心得。

　　社会发展到今天，早已不是纯粹的农耕生活方式了，因为人们离开土地依然可以生活，人们有工作，有工资，而且科技的发展让我们的交通也越来越便利，人们流动的频率逐渐增大。这种情况下，人与人之间的关系变得不那么稳定，偏向于短期导向的思维模式。所以，有的时候我们会发现身边的陌生人越来越多，而这些陌生人一打交道，很多都会进入熟人的圈子，但这些熟人与以往农耕文化下的熟人相比，关系相对还是浅了一点，或者说远了一点。这个时候，社会的运行和维护需要法律来排斥机会主义行为的出现。至于目前的生活方式，还有人际、群际或阶层的结构都处在一个变化的过程中，还不是非常明朗，所以学界现在还难以给出一些清晰的界定，或大家一致认可的理论。

二、人际关系的分类

再接下来，我们要思考的问题是，关系的远近或者说好坏，该如何衡量？在西方这个叫关系质量。西方人主要从信任、满意和承诺三个方面，通过一些问项来测量人们之间的关系质量。有的问题是正着问，例如，当我有困难的时候，你愿意借给我多少钱？有的问题是反着问，例如，如果我不在了，你会有多难过，或者是有多想念我？而我认为衡量关系远近或者是好坏，有两个很重要的因素，一个是情，一个是利。品牌关系也是一样，情分深浅，利分多少。但要说明的是，这个情又可以分为两种，一种是真有之情，就是我真的喜欢你；另一种是应有之情，我有义务照顾你，就像哥哥照顾妹妹一样。对品牌而言，真有之情，就是我真的喜欢这个品牌。应有之情，可能是因为我和这个品牌来自同一个国家，出于民族身份的一致性，我才会喜欢。这个与真有之情是有区别的。下面我们提到的情主要是真有之情。如果大家把情有深浅和利分多少组合成四种情景，如图27-2所示，就会发现，做生意，品牌与客户之间有四种情况。第一种是情浅，利少。这个象限的客户还在外缘，要判断是留还是走。第二种是情深，利少。对这个象限的客户要深挖需求，增加交易的机会和频次。第三种是情浅，利多。这个象限的客户更多的是增加感情，因为钱是冰冷的，人是温暖的。第四种是情深，利多。哪一种是我们希望的呢？当然是第四种，我们希望前面三种情况的客户都能转化为第四种。情是做人，利是做事。所以，品牌关系的管理就是分类之后的情而利。情而利是相容的还是相斥的？例如，谈钱伤感情，就是这个道理。实际上情而利既可以是品牌关系的分类，也可以是品牌关系互动的手段、方式或润滑剂。

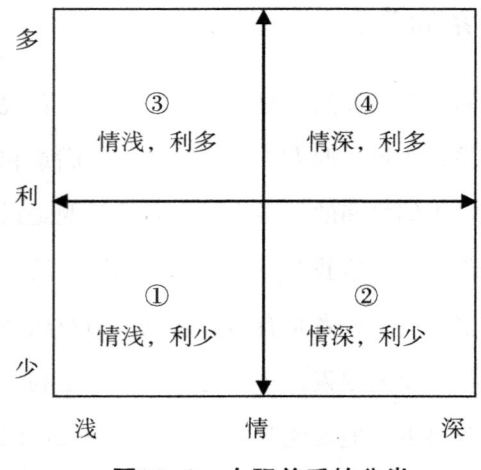

```
         多
          ↑
          │
      ③   │   ④
    情浅,利多│ 情深,利多
          │
   利 ←———┼———→
          │
      ①   │   ②
    情浅,利少│ 情深,利少
          │
         少
    浅    情    深
```

图27-2　人际关系的分类

三、中国式人际关系要点

最后是中国式关系技术层面的要点。这个请大家参考曾仕强老师讲的五个方面的内容。一是人际关系的起点，包括一表人才，两套西装。一个人不仅要有内在的修养，还要有外在的形象。对品牌来讲，道理是一样的，既要有好的里子，又要有好的面子。二是人际关系的媒介，包括三杯酒量，四圈麻将。一个是喝，一个是玩，当然这只是个代表，并不是说你要去喝酒打麻将。这里说的是要有爱好，但要适度，不必强调输赢得失。三是人际关系的交往，包括五方交友，六出祁山。要多跟不同行业，不同职业的人进行交往，这样能够建立更为广泛的社会网络，获取更多的社会资源。四是人际关系的技巧。包括七术打马，八口吹牛。打马是针对别人的，通俗来讲就是拍马屁，但我们这里说的是赞美他人；吹牛是吹自己，在品牌传播中，非常重要的一点就是企业自己说。这里我们要强调的是，打马和吹牛不是没有根据地、夸大其词地赞美和吹牛，而是要尊重客观事实、适当地赞美客户和品牌传播。五是人际关系的修养，包括九分努力，十分忍耐。在品牌与客户关系的互动过程中，品牌要非常努力，只有努力了，才有可能成功，不努力是肯定不会成功的。另一方面就是品牌要能忍，百炼成钢，百忍成金，最终才能在市场上脱颖而出。这五个方面，每个方面又包括两个小点，属一对阴阳，大家不能简单地从字面上理解，而要从背后的寓意去理解。

第二十八讲

品牌场景的选择与设计

各位读者，大家好，这一讲的主题是品牌场景的选择与设计。场景这个词由来已久，包含形式广泛，尤其是出现互联网虚拟世界之后，更加难以清晰界定并穷尽其分类。可以说，大到浩瀚无际的宇宙，小到丰富多彩的生活瞬间，均可称其为场景。本文主要讨论商业领域的场景，"场"指特定的时间和空间，"景"指特定时空内的所有构成。近几年具体不知从何时起，场景或以场景为主要构成的词组开始引起人们的注意，并逐渐成为热点话题。之所以如此，或许是因为新科技的发展应用，以及它所引起的人们需求的变化，共同驱动了诸多场景做出较大的改变。例如，在商业领域生产端的黑灯工厂，以及销售端的电商直播等。

这些初显或代表未来的新场景与传统模式相比，存在显著的差异并对其造成深刻的冲击，同时还体现了巨大的商业价值和社会价值。于是，学界和业界围绕场景营销、设计、互动、体验等话题展开广泛深入的讨论和分析，经梳理发现，大部分内容聚焦在场景之内，研究分析该如何设计物理情境和活动内容等。这让我想起"汝果欲学诗，工夫在诗外"这句话。因此，要想做好场景之内的设计，还需关注场景之外选择的底层逻辑，就像正确地做事和做正确的事一样，场景内外兼修方得正果。那么，场景之外的功夫体现在哪里？先来看一下大的、方向上的选择：科技与自然，做有与做无，高频与低频，如图28-1所示，因为这些对场景内的设计起着决定性的影响和作用。

第二十八讲　品牌场景的选择与设计

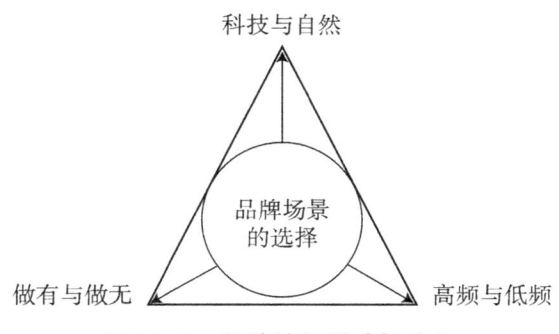

图28-1　品牌的场景选择方向

一、品牌的场景选择

1. 科技与自然

以互联网为基础，科技发展日新月异，各种与科技相关的概念层出不穷，如数字经济、物联网、信联网、云计算、区块链、人工智能等，开始不断地融入生活、工作、学习的各种场景，多年前在科幻电影中看到的场景已逐步变成现实，不禁感慨有生之年科技推动社会发展的变化如此之快。与此同时，科技的创造也深深地触动了企业高管的神经和思维，甚至颠覆了他们对传统经营管理的认知。与科技产品相比，或许是因为管理"人"的各种弊端及"人"的有限能力，很多企业开始借助资本的力量在科技大道上你追我赶，因为他们坚信科技场景就是未来，能给企业带来巨大的商业价值。于是，商业实践中以科技创造为主的场景越来越多，如黑灯工厂、机器人餐厅、机器人仓储、VR/AR体验等。以碧桂园旗下的机器人餐厅为例，几乎所有的产品和服务都是由机器人来完成，大大提高了工作的效率和稳定性，走的是一条标准化的道路，背后则依靠资本的力量和研发的投入，现场消费犹如置身于生产工厂之中。

除了标准化，科技也在尝试着实现场景的个性化，线上已实现"千人千面",也就是根据顾客的信息画像,可以提供个性化、针对性的传播内容。而线下已实现"自动切换",也就是根据情境变化(如雨天、晴天等)自动切换广告内容。科技场景的发展在驱动消费需求和大幅提高商业效率的同时,也带来了各种问题。例如,顾客的个人信息或隐私如何得到安全保障?人类将来被机器人替代怎么办?有了飞机,天上的鸟儿还在飞;有了潜艇,海里的鱼儿还在游。人类与机器人的关系是否也会这样?所以,一个企业如果选择了科技创造的场景,那么,享受科技高效便利的同时,也应接受并解决它所带来的问题。

与科技创造场景形成鲜明对比的是:有不少人逆向思维往回走,选择返璞归真的自然山水作为场景的基础。例如,《印象·刘三姐》及其随后的模仿者,它们的场景选择还是很富有想象力的。《印象·刘三姐》以漓江山水真实场景为基础,突破舞台剧场室内场景的思维,将表演内容或情节与自然的物理空间巧妙地融合在一起,创新并开启了山水、文化、旅游为一体的发展模式。多年来,吸引了大量的游客慕名而至,并留下深刻的印象。之后,业内曾一度掀起借助真实的自然场景,来创造或设计一系列类似的"印象"产品。而这种场景的选择在智能手机及各种视频软件的支撑下,通过直播其应用又被进一步强化,变得随处可见。在直播视频中人们经常会看到不少自然的、真实的场景选择。例如,知名直播博主李子柒,这位来自深山里的姑娘,通过具有特色的古风视频,满足了那些整日浸泡于灯红酒绿和功名利禄,而渴望花鸟山水和诗酒田园生活的人们的需求。尽管如此,自然场景的选择也并非没有问题,因为它离市场比较远,如果产品的生产和消费地点在空间上不能分离,那么就难以形成高频的现场消费,正是这一点造成了极大的不便。

在一些人看来,科技创造和回归自然有些南辕北辙,加上人类需求

第二十八讲 品牌场景的选择与设计

和市场竞争的推动，两者似乎会越来越远，甚至不可调和。事实上，科技创造与回归自然在一定程度上可以实现兼容，例如，农夫山泉在生产端的做法就值得参考和借鉴，它将拥有现代科技的生产场景融入自然、回归自然。通过视频或直播再将后台场景前台化，让更多的人看到生产端，进而增进对企业的了解，加强信任，促进购买。虽然农夫山泉的口号是要做"大自然的搬运工"，但生产端距离市场太远，运输成本也会过高。由此可见，无论是科技创造的场景还是自然山水的选择，均有利弊，人们在追求它有利一面的同时，还应包容或解决它不利的一面。

2. 做有与做无

除了以科技创造、自然山水或两者融合为主的场景之外，还有些场景与这两个方面关系不大，一是前端并没有多少科技要素的融入，二是难以与自然山水相结合。例如，都市中的商场，除了一些简单的科技融入，如扫码或刷脸之外，基本上以传统的场景模式为主，但在市场的终端却依然占有很大的比例。商场物理空间的选择和设计很大程度上取决于创建时创始人的想法和动机，它们决定了商场未来的发展、走向和结果。

以香港中环的两个商场为例，一个叫环球商场，一个叫置地广场，面对面中间只隔一条马路。两家商场的场景描述如下。环球商场是"实"心的，走道狭窄拥挤，业群分散，两边商铺林立但不大，基本是10平方米左右的杂货铺，难以见到世界名牌出现于此。往往是卖家在店内，买家在店外进行交易。虽然人山人海，但是人声嘈杂。总体来看，商场内店面无清晰规划，产品陈列杂乱无章，价格定位档次不高，促销广告随处张贴等。置地广场是"空"心的，广场置于一楼，供人们歇息，喷水池置于中央。其上是方形的中空，无论人们站在哪个楼层，视野都同样开阔。这在寸土寸金的中环，如此建造是需要极大魄力的。虽然熙熙攘攘，却井然有序。

整体来说，商场规划合理，走廊宽松广阔，世界名牌集聚，店面整洁亮堂，产品陈列生动引人，价格定位档次高端，贵客慕名接踵而至。几十年过去，置地广场早已成为世界知名品牌。

对比两家商场今天的场景，截然不同、高下相倾，原因何在呢？答案在于："有"之以为利（为自己谋利），"无"之以为用（为他人所用）。环球商场创建之时，为了能让自己收更多租金、赚更多的钱，将一切可以利用的空间都做成店面。心系自己，想得眼前，只懂做"有"的场景；而失去未来，最终沦为小生意，是为从"有"到"无"。置地广场建造之初，为了能给他人营造宽松的消费环境，将尽可能多的空间都让了出来。心系他人，敢舍眼前，缘起做"无"的场景；却得到未来，最终做成了大品牌，可谓从"无"到"有"。

3. 高频与低频

接下来是零售超市的场景，因为它与前面讲的商场业态比较接近，但差别很大。一说起超市，人们可能会不自觉地想起沃尔玛，作为全球零售行业中的领导品牌，它在行业内的竞争力和地位众所周知。它的门店遍布世界多个国家，产品种类不计其数，对外宣称要帮顾客节省每一分钱，提供一站式购物等，这些都是顾客能够感受到的场景要素。然而，在后台，还有诸多方面是顾客感受不到却客观存在的，例如，长远的战略布局、完善的信息系统、发达的物流仓储及农超对接的项目等，为前台星罗棋布的门店提供了强大的支撑。即便如此，市场上依然有不少英勇无畏的挑战者，不断地以创新的模式加入零售行业，试图从中分得一杯羹或一块蛋糕。

盒马鲜生就是其中之一，那么，作为后来者它有什么优势能够参与零售行业的竞争呢？不少人认为盒马鲜生是新零售的业态，何为新零售呢？普通顾客可能会觉得买了生鲜，当场可以制作吃喝就是一种新的业态。而

第二十八讲　品牌场景的选择与设计

专业人士则认为,企业以互联网为依托,通过运用大数据、人工智能等先进技术手段,对商品的生产、流通与销售过程进行升级改造,进而重塑业态结构与生态圈,并对线上服务、线下体验及现代物流进行深度融合,这才是新零售。从定义中不难看出,本质上是科技手段的融入和应用,如果是这样,以沃尔玛的实力和原有的科技基础,难道不能做到吗?我在经过多次实地观察和深入思考之后发现,原来盒马鲜生与沃尔玛的本质区别之一在于前端场景中产品的选择。沃尔玛的产品覆盖面广,种类繁多;如果按照二八原则来分析,沃尔玛有80%的产品应属于"低频"消费,也就是人们不经常购买的产品,比如各种耐用品(家用电器等)或者因情境需要购买的产品(签名册等)。反观盒马鲜生,它只选择了沃尔玛所有产品中20%的"高频"消费的产品来做,也就是基本上以吃喝为主,购买频次较高。

　　高频消费的产品容易与顾客形成较强的黏性,而且还能高效利用门店的空间面积;而低频消费的产品则相反,难以与顾客形成黏性,大多处于分离状态,而且占用大量的门店和仓储空间,产生较高的成本。类似的逻辑,在线上更为明显和突出,例如,微信和支付宝为何要在支付功能上玩命地竞争和拼命地投入呢?因为"支付"几乎是目前人们日常生活中最高频的行为了。微信和支付宝并非以产品购买是否高频进行选择,而是以顾客日常生活中的高频行为作为切入点和发力点。试想除了支付这样一个高频行为之外,人们还有什么行为是高频的呢?如何将自己的产品"嵌入"这些高频行为当中呢?一旦抓住支付这个高频行为,微信和支付宝便开始扩展,延伸到人们生活的方方面面,如交水电费、电话费、燃气费、坐公交车等,几乎所有跟支付相关的功能,它们都在研发并应用。如此一来,就会增加更多与顾客建立黏性的"点",多了之后就形成网络。高频增加顾客与产品或品牌的黏性，时间久了就会形成"习惯"，这就是不同企业前端场景选择的底层逻辑。

二、品牌的场景设计

1. 线上、线下和店内、店外

以移动互联网为基础，在人工智能、大数据等技术的融入和应用下，各行各业在前端的场景设计均可做出不同程度的改进，但又困惑于找不到清晰的思路和方向。以餐饮行业为例，通过线上、线下和店内、店外组合的四个象限来分析场景设计改进的空间。

（a）
- ① 店内和线上
- ② 店内和线下
- ③ 店外和线下
- ④ 店外线上

（b）
- ① 店外生产 店内消费
- ② 店内生产 店内消费
- ③ 店内生产 店外消费
- ④ 店外生产 店外消费

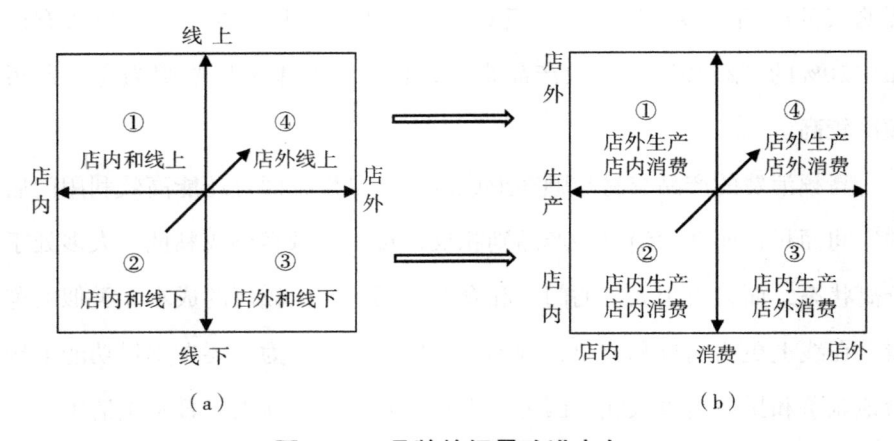

图28-2　品牌的场景改进方向

先看图28-2（a）部分场景，传统的做法是第②象限：店内和线下。经营者要思考：店内线下重点要做好哪些工作？如产品和服务。如何维系较高的产品销量和服务质量呢？在此基础上，又该如何根据季节来调整产品结构，严格控制店内的成本，提高店面的利润空间？

第①象限：店内和线上。经营者要思考：科技该如何融入传统的业务？微信公众号或小程序是否应该增加一些功能？例如，顾客在家中、街上、路上等店外场所，是否能看到门店中哪些具体的台位是空着的，哪些是有人的？让顾客自己来订台位，在店外就可以下订单，这样节省时间，还能减轻服务员的工作压力，让其将主要精力投入关注顾客需求上面来。同时，还能够让顾客看到哪些菜品沽清。因此，这个象限的主要方向在于降低信息的不对称和提高时间的有效管理。

第③象限：店外和线下。经营者要思考：店外和线下能做什么？是否可以与周边各方主体发生互动，形成良好和谐的关系环境？是否可以主动出击开发更多的团餐市场？通过签订团餐协议或合同，建立稳定的关系，这样也会使门店生产更加有计划。另外，是否可以改进外卖的配送，并搜集顾客反馈的信息，等等。这些都属于这个象限中努力的方向。

第④象限：店外和线上。这个是未来的方向和机会所在。业务主要集中于外卖，顾客下订单，门店生产送餐。所遇到的问题主要是送餐的辐射范围不大，订单金额和量都比较小，客户分散，送餐成本比较高。如何解决这些问题？如何借助信息系统优化送餐路线？

再看图28-2（b）部分的场景，第②象限是店内生产、店内消费。这是传统的做法，不少行业也是这么做的，如理发等服务行业，生产和消费集中在特定的空间，而且这个空间是由卖方提供的。第③象限是店内生产、店外消费。这个就是目前大家常见的外卖业务了。第④象限是店外生产、店外消费。这个方向可视为一个新的业务，但其实也不新，因为古代就有这样的做法，叫外烩。就是厨师到有钱的大户人家做饭，收取服务费。这个时候生产和消费也是集中在特定的空间，但这个空间是由买方提供的。空间的转移将会降低卖方的成本，同时提高其各种资源的利用效率。第①象限是店外生产、店内消费。如中央厨房或生产中心加工成半成品或成品，运送至门店销售或消费。事实上，图28-2的场景可适用于多个行业和品类，虽然它提供了不少场景改进努力的方向，但在实践中依然有很多细节需要解决，经市场一检验就会发现并非想象的那么美好。

2. 感官/体验/记忆

在明确了具体的场景设计方向后，接下来就是在场景内的设计上下功夫。从顾客也是根本视角来看，要抓住两点：感官和体验。从企业场景的表现形式来看，业界的做法大多集中在物理要素设置、服务流程设计、活动内容创造三个方面。终极的目的或许就是留下美好的记忆，场景设计构成板块如图28-3所示。

图28-3 场景设计构成板块

首先是物理要素设置。这部分场景要素的设计主要是琢磨分析顾客生理感官上的需求，从顾客走进或接触到"场"的空间范围开始到结束，都要仔细思考每一个环节和细节，让顾客享受一场感官的盛宴。高明的场景设计会让顾客几乎分不清究竟爱的是"产品"还是一种"感觉"。说起感官无非是眼睛/视觉、耳朵/听觉、鼻子/嗅觉、嘴巴/味觉、身体/触觉，整

第二十八讲 品牌场景的选择与设计

体来看,与嗅觉、味觉和触觉相比,视觉和听觉所感受的距离相对较远,接受信息所占比重更高,实践中的应用也相对广泛。关于感官的研究,学界早已取得丰富的成果,以色彩为例,就有色彩的隐喻、彩色与黑白的对比、冷色与暖色的对比,以及色彩与形状、位置、听觉、嗅觉等之间的匹配与联系。因此,场景设计不仅要抓住各种感官的特点,而且还要考虑它们与其他因素之间的整体联系。

其次是服务流程设计。在此过程中,换位思考非常关键,也就是站在顾客的角度体验一遍服务的流程。然而,就是这样一个天天讲,月月讲,甚至已经令人听到厌烦的道理,在不少企业的实践中却依然存在诸多问题。举例说明,有顾客去某银行办理一项业务,因银行距离比较远,顾客又不知道办理该项业务该携带哪些材料。于是,顾客在网上查询网点电话打过去,不是打不通就是占线;接着就去问百度,看到不少答复并不是最新的而且并不统一。无奈之下,顾客抱着试试的态度,携带相关材料前往银行网点。到达前台后,询问为何查不到相关信息,工作人员指着旁边的宣传栏说道:"那边墙上不是有吗?"顾客无语。反观某社区基层组织的做法,有顾客去办理户口迁移,遇到同样的问题,打电话咨询,工作人员告知可从公众号中了解。于是,顾客关注该基层组织的公众号,按照提示点击,不禁感叹流程如此细致,在户口迁移这个业务中,几乎提到所有不同情况下迁移户口该带哪些材料,一目了然。两则事例对比,问题出在哪里?企业该如何解决?

最后是活动内容创造。场景的构成板块除了物理属性和服务流程之外,重要且常见的恐怕就是活动内容的创造了。说起活动内容创造,主要可分为三种。一是顾客作为观众,企业创造活动内容,如各种直播、电影、线下的各类表演等,此类活动内容创造要把握"有意义"和"有意思",出奇创新。二是顾客扮演一定的角色,深入参与企业创造的活动内容中。例如,闲鱼二手交易平台,因无法保证产品质量,与顾客经常发生纠纷,为了解决这一问题,闲鱼模拟法庭邀请用户作为法官来仲裁这些订单,取得良好的反响。三是通过"让利"吸引顾客形成联动场景。这种做法主要发生于线上,就像拼多多的帮忙"砍一刀"、加入拼团等模式。无论企业创造哪种类型的活动场景,除了把握让利和出奇创新之外,还应该关注是否能在顾客心中留下美好而又深刻的"记忆"。只有这样顾客才会难忘,才有可能重复消费。

第二十九讲

品牌社群：如何激活"不活跃的人"

各位读者，大家好，这一讲的主题是品牌社群。品牌社群是社群的一种新形式，它与传统意义上的社群不同，是以某一品牌为中心建立的一组社群关系。传统的观点认为，社群由一定的社会关系、共同生活的人群、一定的地域和特有文化构成，并且其中的成员对所属社群具有情感和心理上的认同感。简单来说，社群就是以人们之间的相互关系和情感联结为标志，以地域为界限而形成的社会网络关系。随着互联网科技的发展，品牌社群已经突破了传统社群意义上的地理区域界限，而是以消费者对品牌的情感利益为联系纽带。于是，有人将品牌社群定义为：建立在使用某一品牌的消费者之间，一整套社会关系基础之上的，一种专门化、非地理意义上的社群。在品牌社群内，消费者基于对某一品牌的特殊情感，认为这种品牌所宣扬的体验价值、形象价值与他们自身所拥有的人生观、价值观契合，从而产生心理上的共鸣。在表现形式上为了强化对品牌的归属感，社群内的消费者会组织起来，自发地或由品牌发起地，通过组织内部认可的仪式，形成对品牌社群的认同。

一、品牌社群结构模型和现状

品牌社群是一个关系的集合，不同的人认为这种关系的集合大致有三种结构模型。第一种是品牌社群三角关系模型。不同的消费者与品牌之间发生关系，然后消费者与消费者之间又因为品牌而相互发生关系。第二种是焦点消费者模型。品牌社群以焦点消费者为中心形成四种主体之间的关系，包括焦点消费者与品牌之间的关系，焦点消费者与普通消费者之间的关系，焦点消费者与产品之间的关系，焦点消费者与营销者之间的关系。

第二十九讲　品牌社群：如何激活"不活跃的人"

第三种是利益相关者关系模型。这个模型说的是以品牌为中心，把所有利益相关者都放进社群中，如消费者、员工、股东、上游供应商、下游分销商等。这一讲重点讲解第一种品牌社群关系模型。

接下来，我要介绍的是苏落发表在《成功营销》杂志上的一篇关于品牌社群的文章。这篇文章中提到的品牌社群的现状，以及解决问题的对策都比较好。随着移动互联网的快速发展，社群经济成了热点。碎片化时间中的实时在线与沟通成为常态，网红、粉丝、粉丝经济等概念如雨后春笋，一时间成为人们谈论和企业关注的热点话题。但也有人对此泼冷水，认为品牌社群已死，逃离社群，社群多如牛毛等。那么，如何做好品牌社群，就非常值得我们深思和研究。品牌社群之所以叫作群，那是因为物以类聚，人以群分。既然大家能够聚在一起，就说明有某种共同的特征存在。这个共同的特征有可能是因为品牌、信仰、兴趣爱好、某个偶像等。在品牌社群内部大家求同存异，聚同化异。

二、品牌社群的构成及问题

那么，第一个问题是，一个品牌社群究竟多大才算合适呢？英国著名的人类学家教授罗宾·邓巴，根据猿猴的智力与社交网络推断，人类的智力将允许人类拥有稳定社交网络的人数为148人，四舍五入以后为150人。而精确、深入跟踪的人数为20人左右。这是怎么算出来的呢？是由人的大脑新皮层的应对能力决定的，过量的人和信息，低效地传播，对于自己需求的信息获取成本会变得越来越高。当然，这并不绝对。我们的微信群上限就是500人，还有的微博和公众号粉丝的人数就更多了。第二个问题是，一个社群通常会由哪些角色构成呢？美国有一个数字营销专家，根据网络社群中网友的参与度及变化，将社群成员分为五种人：外围潜水人员、入门新手、熟悉内情的常客、支撑用户参与和管理的领导、出走的资格老人。这一点有些像QQ群里面的潜水员、新手和管理员等分类。

大家可以仔细想想自己加入了多少个品牌社群，或者说加入了多少个群，如QQ群、微信群。大家是不是经常在群里发送信息，或者与其他成员进行互动？根据前面的成员分类，你是属于哪一类呢？恐怕在大多数群都是属于"不活跃的人"，或者叫潜水员，也就是长期不说话，不互动的人。如果群里大部分都是"不活跃的人"或潜水员，那么这个群早晚得死掉。大家为什么会长期不说话潜水呢？因为我们没有那么多时间和精力，一下子触及数十、数百人，这就是典型的社交爆炸，很少有人能够做到一直高度投入社群活动，时间与精力都不允许。另外，我们还需要与家人相处，需要阅读的时间，需要运动的时间。尽管有一部分功能会被社交网络替代，但我们不会因此放弃最基础的生活需求。绝大多数人之间因为信息不透明相互不认识，不了解。有人担心自己说话没人理；有人担心自己因为跟其他人观点不一致而引发争吵；有人认为自己气场不够。然而，要想维持一个品牌社群走得更好，走得更远，就必须保持社群的活跃度，以及它的价值性。我曾经问过一个做微信公众号的负责人，在他做公众号期间，什么问题是他最大的难题？他说是保持公众号的价值性和活跃度。其实，归结起来就是有意思和有意义。要做到每天都有意义和有意思，何其难也。

三、如何激活"不活跃的人"

解决品牌社群所遇到的难题，有以下几种方法，如图29-1所示。一是被连接的价值。每个人都想建立连接，特别是想和有身份、有地位、有知识、有钱的人建立连接。正如我们很想认识各位企业家、政界要人、电影

第二十九讲 品牌社群：如何激活"不活跃的人"

和音乐明星一样。说得通俗点，就是马克思政治经济学里面讲到的生产力决定生产关系。你是不是有价值，看看有多少人愿意跟你建立连接就知道了。但是谁才是真正有价值呢？最好的衡量标准就是被连接的次数与深度。例如，随着电视剧《花千骨》的热播，在QQ的兴趣部落，"花千骨"的粉丝量从23万一下子涨到204万；这部小说的月阅读量，仅两个月的时间就从2300人涨到17万人，并有了点赞、讨论和二次创作的过程。因此，企业运营品牌社群的第一个要诀就很清晰了，寻找具有被连接价值的社群或社群孵化平台，与之亲密接触。

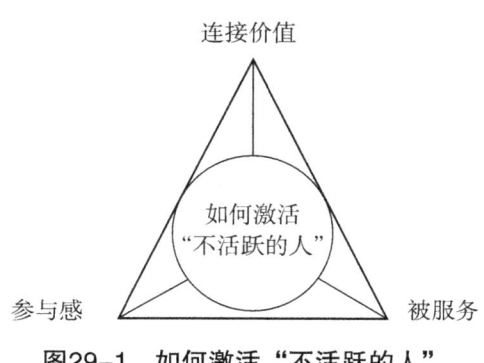

图29-1 如何激活"不活跃的人"

二是参与感。小米成功以后，粉丝经济、互联网思维似乎成了小米公司的代名词，而小米社区也是一个典型的产品型社群。它吸引用户参与到产品讨论与创造中来，有亲手制造产品的参与感，并不断与其互动，增加粉丝的活跃度。通过广告语"为发烧而生"的情怀，小米社区更让每个米粉有了归属感。同时在微博上小米也经常与粉丝互动，制造话题，创始人雷军的粉丝数量曾经达1241万，小米手机的粉丝数量也曾达1029万。因为一部小说、一部电视剧，让无数原本陌生的人连接在一起。移动互联网让社群能够以连接一切为目标，不仅是人的聚合，更是连接信息、服务、内容和商品的载体，线上和线下形成联动，社群规模经济、商业化套现都在不断被尝试。好的社群是一个有机的整合体，每个成员都要动起来，社群建立的初衷和社群的运营都要调动起成员的积极性，最好有一个核心价值一以贯之。

三是被服务。前几年，中信银行信用卡中心以开放性关系链及朋友圈的概念，打造基于个人及合作伙伴联结、互动生态圈——章鱼粉丝团。章鱼粉丝团在百度贴吧正式注册官方讨论吧，命名为"章鱼卡吧"。"章鱼卡吧"为中信信用卡及非中信信用卡客户提供了金融知识的普及、信用卡设计互动、信用卡服务体验和线下活动等粉丝专享特权。建立两个月后，"章鱼卡吧"的粉丝就突破45万人，并且每天都在快速增长。从增值服务空间角度来看，提供一种轻服务，最好能够"隐身"为社群日常活动中最自然、最便捷的一个组件，保持社群的活跃度，继而营造商业盈利的空间。

第三十讲

品牌国际化:喝茶还是喝咖啡

各位读者，大家好，这一讲的主题是品牌国际化之路。首先，品牌为什么要国际化？现在很多领域都在讲国际化，企业品牌自然也不例外。国际化能够扩大品牌的市场空间和其影响力，让品牌到国际的舞台上去竞争，不断提高品牌经营管理的能力和水平。多年前在整个产业链的国际分工中，中国就扮演着制造大国的角色，但被国际社会所承认的有价值的品牌数量很少。所以，就有人说中国是制造大国，品牌小国。其实，这只不过是一个国家经济发展过程中阶段性的一个说法而已。当然，也有权威的调查机构，如福布斯、财富、商业周刊和英图博略（Interbrand）等，每年都会发布世界最有价值品牌排行榜，我们发现，中国民族品牌上榜的确实不多，在Interbrand发布的结果中，最近几年有华为和联想上榜。由此来看，我们国家的品牌国际化还有很长的路要走，但也要看到如华为、联想和海尔等企业在国际化的道路上，所做出的显著成绩和积累的宝贵经验。

　　品牌国际化其实是个空间问题，与本土化相比，影响因素最大的要数政治、经济、法律和文化等宏观环境方面了。在国际化的进程中，有多种路径可以选择，例如，是独立行走，还是与狼共舞，意思是靠自己开拓国际市场，还是与他国的品牌进行合作，共同开拓他国市场？还有就是由易到难，还是由难到易？就是从发达国家，如美国、欧洲等开始国际化，还是从发展国家，如非洲和东南亚等一些国家开始？以下讲几个品牌国际化的案例。

一、独立行走之由难到易

　　首先是海尔的国际化，很多年前海尔就开辟了国际化之路，在美国建

第三十讲 品牌国际化：喝茶还是喝咖啡

了一个工厂，销售海尔的产品。刚开始，海尔这个品牌是不被美国消费者所认可的。因为在美国家电市场上，尤其是白色家电，有许多国际的来自发达国家的品牌，如西门子、飞利浦、通用电气等。而且，据在美国的华人所说，在美国租房子的时候，家用电器跟房子是绑定在一起的，意思就是你去租房子，不用买家电，都是整套出租。那么，在这种情况下，海尔要想在美国市场白色大家电分到一部分市场份额，难度系数很大。那后来怎么办呢？海尔就调查市场，寻找新的机会，他们发现酒柜有很好的市场需求，因为有很多中国留学生，需要存放少量的食物和饮品。而且还能在酒柜上放一些东西，或者把酒柜当成一个小桌子。这款产品受到了市场的欢迎，并且很快就占领了很大一部分市场份额。有人说，海尔这是在战略不清晰的情况下，被迫做出的选择。

再看海尔在巴基斯坦的情况，海尔目前在巴基斯坦是家电行业的领导者。进入巴基斯坦之后，海尔的市场人员发现，巴基斯坦家庭人口众多，而且人们习惯穿长袍，每次洗衣服的量很大。这些需求与国内市场有很大的区别，于是海尔的技术人员根据市场的需求反应，设计了大容量的洗衣机。另一方面，巴基斯坦的电压不稳，波动范围很大，按照国际的标准，如使用家电时允许波动的范围为0~20伏，可在巴基斯坦电压波动的范围可能需要0~100伏。这一区别也需要从技术上进行改进，以符合巴基斯坦本土市场的情况。在欧洲，张瑞敏先生曾经到一个经销商家里做客，问经销商的夫人，你买家电会不会买海尔的？那位夫人说不会，因为海尔的产品还不是艺术品。这件事对张瑞敏先生的刺激很大。由此可见，国际化进程中，每个国家的市场都会有一些差别，把握这些差别就是要把握市场的机会所在。很明显，海尔走的路径是由难到易，就是先发达国家后发展中国家。这样的好处在于，攻克了难的市场，会对容易的发展中国家市场起到很好的示范效应。美国市场、欧洲市场我都拿下了，说明我是很有竞争力的，你的市场让不让我进？这样再进入发展中国家市场就会容易很多。

二、独立行走之由易到难

接下来，我们再看看华为，它的海外布局基本上实行的是"农村包围城市"的扩张模式。华为在1996年进入中国香港，1997年进入俄罗斯，华为的第一批海外员工在俄罗斯坚持了6年，终于迎来了第一单生意，一笔价值仅有16美元的合同，可见国际化之路的艰辛。1997年华为进入拉美国家市场，先后在巴西、厄瓜多尔等9个拉美国家设立了13个代表处；1998年进入印度市场；2000年进入中东和非洲市场；2001年迅速扩大到东南亚和欧洲等40多个国家和地区；到2016年，华为用了16年的时间终于在欧洲市场拿下了1565亿元的销售总额，占华为总收入的30%。在美国，2008年华为试图与贝恩资本联合并购3Com，被美国外国投资委员会否决；2010年，华为试图收购摩托罗拉公司的无线资产，同样被美国政府拒绝；同年，华为试图并购宽带网络软件厂商2Wire，但并购方担心无法获批而失败。由此可知，美国市场是不是很难啃？国际化之路，由易到难的好处在于，你看全世界的大部分市场都在买卖我的产品，就差你们了，你们要不要买卖我的产品，同样也是一种很好的示范效应。

三、与狼共舞的模式

接下来要介绍的就是与狼共舞的模式。意思是通过联合兼并的方式进入他国市场。当然这种方法是一种非常便捷的方式，但它也有不能忍受的痛处所在。多年前，TCL为了进入欧洲市场，兼并了欧洲最大的零售商汤姆逊公司，后来由于不了解欧洲市场的法律、文化及市场上的一些实际情况，一直处于亏损状态。在经历了多年的努力之后，TCL的老板李东升还是把汤姆逊卖掉了。后来，这种行为被李东升誉为鹰的重生。关于兼并后的文化融合和管理问题，我们以联想为例进行分析。联想兼并IBM的PC机业务，大家应该是非常熟悉的。兼并之后，联想把总部设在美国，老板杨元庆的家也搬到了美国，这些都是为了适应品牌的国际化。而且联想前100个高管，来自20多个国家，开会的时候要使用很多种语言。最开始开会时，经常要多语言翻译，而且外国高管常使用一些专业的英文缩写，在交流和沟通中出现很多问题，导致会议的效率一度非常低下。另外，在开会期间的茶歇上，中国的高管喜欢喝茶，而国外的高管喜欢喝咖啡。在沟通汇报工作时，外国高管很随意，有的时候会把腿跷到桌子上跟中国的员工谈工作，这一点在外国高管的眼里属于正常的行为，而在中国员工的眼里就是不合适的行为。还有就是在北京的办公场所有的卫生间都是蹲便池，外国的高管来这边，去卫生间就很不适应，但到了美国全是马桶，当然现在大部分中国人也适应了马桶。由此可见，企业在国际化进程中，通过联合兼并所带来的管理上的文化冲突的问题非常多。因此，联想集团设置了首席多元文化官，由联想本部的乔健和从戴尔挖过来的康友兰两个人担任。这一职位在全球企业可谓一大创新，开了先例。

  大家看，品牌国际化之路有几种，如图30-1所示。靠自己，有两种选择，一种是由难到易，另一种是由易到难。无论是哪一种，在时间顺序上，只要做好前面的，都会对后面的市场起到很好的示范效应，以推动后面市场的顺利进入。另外，就是通过联合兼并的方式，但这种模式最大的问题是管理中多国文化背景的融合与冲突。如果不能很好地处理，就会导致一加一小于二的结果，反之，才会一加一大于二。

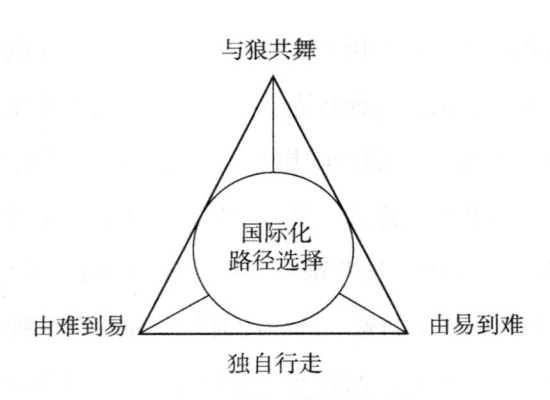

```
        与狼共舞
         /\
        /  \
       / 国际化 \
      /  路径选择  \
由难到易/_____\由易到难
        独自行走
```

图30-1　国际化路径选择

在品牌国际化的进程中，还要注意针对不同的国家，对产品和服务做相应的变化和调整，真正做到入乡随俗，让当地人把这个品牌视为是自己国家的，而不是别的国家的。最后，大家如果想对这几家企业有更深入的了解，我可以推荐一些书给大家，像《华为三十年：从"土狼"到"狮子"的生死蜕变》《鹰的重生：TCL追梦三十年》《东方遇到西方：联想国际化之路》等，关于海尔，相关的书籍非常多，大家去网上搜一搜，找找看。

第三十一讲

平台品牌和移动终端

各位读者，大家好，这一讲的主题是平台生态品牌和移动终端的演化逻辑，通过这种演化逻辑的分析，发现事物发展的规律和本质。当下平台生态品牌和手机这样的移动终端，在商界和市场上，不仅被卖方重视，也被买方频繁提及和使用。众所周知，平台生态品牌的出现吸引了学界和业界的广泛讨论和关注，智能手机这样的移动终端更是竞争激烈。那么，大家有没有想过，究竟为什么呢？

一、平台品牌形成的演变逻辑

首先，是平台生态品牌。平台生态品牌是怎么来的，或者说是怎么产生的？是个新生事物吗？其实不是，平台生态品牌早就出现了，只是大家没有注意到。为了回答这个问题，我们有必要思考市场最初的形态是什么，去理解市场构成的本质究竟是什么，因为平台也只是市场的一种表现形式而已。其实，在当下的社会，市场的表现依然存在多样化的形式，有传统的，如菜市场；也有现代的，如网络交易平台。拿菜市场来说，几千年前就有，现在还有，形式和内容发生了多大变化呢？其实没有发生多大变化。那么菜市场是由什么构成的呢？有没有卖方？有没有买方？是不是一个交易的场所？答案是肯定的。那么，一个城市的菜市场之间有没有关联呢？例如，你家楼下的菜市场，跟另外一个区的菜市场有没有关联？显然，关联性不大。

其次，沃尔玛、家乐福、国美和苏宁这些企业里面有没有卖方？有没有买方？是不是一个交易场所呢？答案也是肯定的。但是与传统的菜市场有什么区别呢？各个菜市场之间的关联性并不大，而一家沃尔玛超市跟另外一家沃尔玛超市有没有关联呢？显然是有关联的，因为他们都属于沃尔玛集团。

最后，京东、天猫、淘宝平台上有没有卖家，有没有买家？是不是一个交易场所？答案还是肯定的。那么，与沃尔玛、家乐福、国美那些企业的模式有何区别呢？区别在于京东、天猫和淘宝平台存在于网络虚拟世界，而沃尔玛、家乐福和国美存在于现实世界，如图31-1所示。

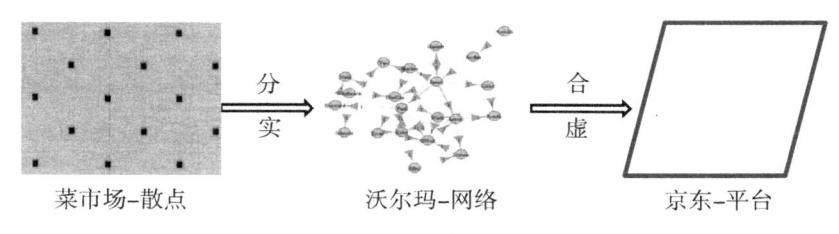

菜市场-散点　　分　　沃尔玛-网络　　合　　京东-平台
　　　　　　　　实　　　　　　　　　虚

图31-1　市场演化的三个阶段

显然，前文讨论的是市场演化的三个阶段，即菜市场阶段、零售商阶段、生态平台品牌阶段。菜市场是不是平台？沃尔玛、家乐福、国美和苏宁是不是平台？广义上来讲，它们也是平台，而且是生态平台，因为在这些平台上，同样有卖家和买家，而且有很多品类和行业。不难看出，市场构成的本质其实就是卖家、买家和场所。而市场三阶段演化的逻辑是什么？传统的菜市场，相互之间没有关联，是散落在一个城市的多个点；而沃尔玛等零售商，相互之间有关联，虽然散落在一个城市的不同地方，但它们都同属于沃尔玛集团，这些点连起来就是网络。最后是京东、天猫和淘宝这样的网络交易平台，它们不像实体店，有很多散落的点，它们就是一个网站，集中于一点或者说是一个平台。因此，可以发现，从传统的菜市场，散落的点，到零售商实体的网络平台，再到虚拟世界的网络交易平台。这里演化的逻辑是什么？点到网络再到平台，背后的逻辑是分久必合，合久必分；另外一个就是由实到虚。显然，后面的发展就是虚实结合，也就是O2O线上、线下的结合。这些才是事物发展的基本规律。

二、生态平台品牌与基业长青

平台品牌的概念不仅应用于虚拟世界的网络交易平台，它也适用于现实世界的实体企业，如海尔集团。2005年，张瑞敏先生就提出人单合一的思想，其中，人指员工；单指用户价值；合一指员工的价值实现与所创造的用户价值合一。在这种思想或模式的指导下，海尔逐渐尝试员工创业项目，就是员工提出创业的想法和方案，吸引风投，海尔集团提供各方面的支持。这些创业项目可以与家电相关，也可以与家电不相关，不仅鼓励员工，还鼓励社会资源在它的平台上创业。至此，海尔成了一个孵化企业的平台。在一次海尔经验全国电视电话推广会议上，海尔的发言人提到海尔创建的海创汇平台，拥有3600多家创业孵化器资源，1300多家风投机构，100多家孵化器空间，4000多家产业资源，120多亿元的创投基金。例如，日日顺物流，它有18万个车小微，18万名司机都是社会上的资源，有的司机是带车加入，在平台上创业。

如此发展下去，海尔会成为什么呢？这让我想起早年海尔集团的张瑞敏先生的总裁致辞，题目为《海尔是海》。那篇小短文简洁明了，寓意深刻，阐述了海尔是海的思想。可近几年张瑞敏先生开始说海尔是云，从海到云，从地到天，从合到分，这是了不起的思想变化。海在地上，基本是一个整体，而云在天上，都是一团团的，变化无穷，难以预料。另外，海尔之所以成为一个生态平台，跟企业如何做到基业长青这个命题有关系。我想问大家一个问题，是企业的平均寿命长一些，还是城市的平均寿命长一些？当然，城市的平均寿命会长一些，为什么呢？因为城市是一个生态，各类物种或组织机构有共生的关系。所以，企业要想活得更久，把自己做成生态平台品牌，不失为一个很好的方向。如腾讯、支付宝、京东等平台品牌都在朝这个方向努力。因此，生态平台品牌的共生演化未来是难以预测的。

三、消费终端交易载体的演变

接下来，我们再讨论一下智能手机的移动终端，对平台品牌的发展有什么样的重要影响。智能手机的出现肯定不是一蹴而就，现在人们通过手机进行交易和评价越来越普及。它已经成为人们消费、购买、交易的一个移动终端载体，对生态平台品牌的发展有非常重要的意义。为什么这样说呢？我们来看一下消费者是怎么购物的，大家就会明白了。在网络购物没有出现之前，大家都是去实体店购物，那么去实体店购物受不受时间限制呢？显然，会受卖家营业时间和买家时间是否方便两方面的限制。受不受空间的限制呢？当然也会，主要是实体店和你们家的距离有多远。后来，计算机出现以后，大家开始在网上购物，在交易的时候，就打破了时间和空间的限制，你可以不受实体店营业时间和空间距离的影响，就能在网上做出购买决策，买到自己想要的商品。

但有个问题是，身边得有计算机，还得有网络。否则，无法完成交易。再后来，智能手机出现以后，大家就开始在手机上进行交易，这些交易不受时间和空间的限制，而且可以随时随地进行，手机与计算机之间的区别在于，机不离手，机不离身。而计算机做不到这一点。这背后是什么逻辑呢？答案是天地人的逻辑，如果把时间看作天，实体店的空间距离看作地，消费者看作人。那么，实体店购物是天地人的分离状态，计算机是天地人不完全结合的状态，而手机则是天地人完全结合的状态，如图31-2

所示。这也是为何那么多企业开始介入智能手机行业的原因，因为有了手机这样的载体，就能成为很多生态平台品牌进入的守门人，从实物和载体方面守住了流量的入口和出口。未来在交易的演化过程中，还有没有下一个阶段？我想天地人已经实现完全结合，应该不会有下一个阶段出现。可是有一点值得注意的是，智能手机的发展。大家都知道在20世纪90年代，手机很大，像个砖头，后来逐渐变得很小，以后会变成什么样子呢？先是由大到小，后面可能会由实到虚，像电影里看到的，是一个虚拟的东西，这也许是未来手机技术研发的方向所在。

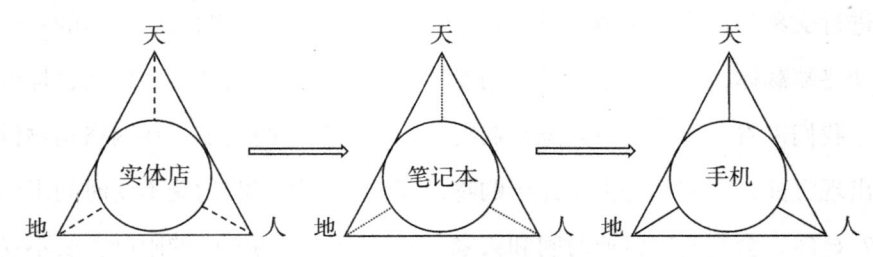

图31-2　消费终端交易载体的演变

最后，对这一讲的内容做个小结，这一讲首先介绍了生态平台品牌演化的三个阶段：菜市场阶段、零售商阶段和生态平台品牌阶段。还有就是消费者交易空间或载体的演化阶段：天地人分离的阶段，就是实体店购物；天地人不完全结合的阶段，就是计算机购物；天地人完全结合的阶段，就是智能手机购物。并指明了未来智能手机研发的方向：由大到小，由实到虚。

第三十二讲

品牌道德己化：天人合一的解读

各位读者，大家好，这一讲的主题是品牌道德的发展。对个人而言，当提及道德时，大家可能会想起做好人，做好事。但对企业来说，当提及道德时，主要体现在社会责任方面。企业的社会责任包括经济责任、法律责任、伦理责任和慈善责任四个方面。经济责任主要指企业要追求尽可能多的利润，保持竞争优势，实现持续的运营。法律责任主要指企业经营要在法律规定和政府期望下进行，并且所提供的产品与服务至少要满足最低的法律要求，如不偷税漏税。伦理责任主要指企业经营要与社会道德和伦理规范的期望相一致，如不雇用童工。慈善责任主要指企业的经营要与社会上一些非营利性组织的慈善期望相一致，资助有困难的人和公共教育机构等，企业的员工在条件允许的情况下自愿参加慈善活动。如灾难之后的捐款和提供支持。这四个方面的责任从经济到法律，再到伦理和慈善，是一个由被动向主动转变的过程，也是一个道德发展的过程。

一、影响品牌社会责任的因素

品牌履行了社会责任是不是就一定会获得良好的企业绩效呢？一些学者研究发现，不一定。大多数学者研究显示品牌的社会责任会带来良好的企业绩效，而少部分学者的研究结论认为品牌的社会责任会给企业绩效带来负面的影响，还有极个别的研究结论发现品牌的社会责任与企业绩效没有关系。前些年中国社会科学院对100个品牌履行社会责任的情况及评价进行了调查。这些品牌包括国企、外资、民企三大类，都是行业的佼佼者。第一年调查的结果发现，在满分100分的情况下，社会责任评价的平均得分才20分左右，近七成的品牌处于旁观者。虽然后面几年的结果逐

第三十二讲 品牌道德己化：天人合一的解读

步向好，但距离良好和优秀的标准依然相差甚远。看到那么多的品牌处于旁观者，有人说不是品牌不愿意从事社会责任，而是品牌不会从事社会责任。这话说得有道理。意思是说品牌从事了社会责任，也不一定能够得到好处。

因为这里面影响因素太多，比如，品牌要遵守的角色规范，消费者对国企、外资和民企的慈善捐赠期望都会存在差别。还有品牌要遵守的群体规范，就同一性质的企业，拿民企来说，绝大部分品牌捐50万~200万元，可有的品牌说一分钱都不捐，而有的品牌说捐1亿元，消费者通过一对比就很明显了。但有一种可能，就是那些捐50万~200万元的品牌，有可能会因为某个品牌捐1亿元被道德绑架。消费者可能会说你看某品牌捐了1亿元，而这些品牌才捐百八十万元，太少了。所以，品牌慈善捐赠的市场影响因素也是很复杂的。最后是品牌要遵守的社会规范，在特定的感性的情景下，比如灾难性事件发生之后，品牌讲了理性的话和做出了理性的行为，那么，很有可能会遭到消费者的口诛笔伐。

还有就是时机问题，如灾难性事件，消费者很看重品牌是不是第一时间做出了慈善反应。还有就是根据受助人的实际需求情况，给予帮助。中国有句古语，"授人以鱼不如授人以渔"，但这句话也不是在任何情景下都适用。如地震之后，人们最需要的可能是鱼，而不是渔，因为时间的紧迫性。学习方法是需要时间的，而地震之后人们没有时间去学习方法，所以，这个时候直接给鱼会比较好。还有就是当受助人是老弱妇孺的时候，"授人以鱼不如授人以渔"也是不成立的，因为被帮助的人不具备学习能力。因此，一个是时间期限，一个是学习能力，这两点会影响到这句话的适用情景。

二、财富与品牌道德间的关系

接下来,从文化的根源讲一下品牌道德的问题。首先是财富与品牌道德间的关系如表32-1所示。我想先问大家一个问题,你认为财富与道德是相容的还是冲突的?其实有两种观点:一种是相容,承认财富和道德可以并存,代表性的观点有——以富行仁或以仁致富,富而好礼等;另一种是冲突,认为财富和道德不能并存,代表性的观点有——为仁不富和为富不仁等。造成这种价值冲突的原因在于手段和目标没有进行适当安排,企业品牌究竟是通过塑造良好的道德形象来实现财富的积累,还是通过财富的积累来实现良好的道德行为?两者是否可以统一于企业品牌的成长和发展过程中?这取决于企业管理团队对财富和道德关系的理解(相容和冲突),也取决于企业品牌的经济实力(强和弱)。

表32-1 财富与品牌道德间的关系

品牌经济实力 \ 品牌行为	道德	不(轻)道德
财富 (大品牌) (经济实力强)	Ⅰ 财富与道德相容 *财富而道德 *道德而财富	Ⅲ 财富与道德相斥 *财富而不(轻)道德 *不(轻)道德而财富
贫贱 (小品牌) (经济实力弱)	Ⅱ 贫贱与道德相容 *贫贱而道德 *道德而贫贱	Ⅳ 贫贱与道德相斥 *贫贱而不(轻)道德 *不(轻)道德而贫贱

资料来源:《品牌管理》,王新刚编著,机械工业出版社,2023年6月,第276页。

对品牌而言,第Ⅰ种情况:财富与道德相容,可以理解为经济实力强的品牌应该实践社会责任行为,这样容易施以教化,树立榜样。第Ⅱ种情

第三十二讲 品牌道德己化：天人合一的解读

况：贫贱与道德相容，可以理解为经济实力弱的品牌对社会责任也应该保持积极响应的态度，即使经济实力不强，企业品牌也要承担一定的社会责任。第Ⅲ种情况：财富与道德相斥，可以理解为企业品牌通过不道德的手段获取经济利益，不道德成为获取经济利益的工具。第Ⅳ种情况：贫贱与道德相斥，可以理解为企业品牌如果实践不（不实践）道德行为，将会导致经济利益的下降。

不难看出，财富与贫贱其实代表了品牌的经济实力。我们有句俗语叫"没有金刚钻，别揽瓷器活"，也就是说一个品牌从事社会责任行为，应该根据自身的经济实力来决定。从消费者期望和感知的角度来看，当品牌的社会责任行为和它的能力相匹配，或者是超出品牌的能力时，消费者才会对品牌的社会责任行为感到满意。反之，消费者对品牌的社会责任行为感到不满意。但是企业品牌能力对消费者来说是个黑箱，你有钱没钱，他们不知道。所以，消费者有可能会低估或高估企业品牌的能力，一般都会倾向于高估，由此带来对品牌社会责任行为期望的差异。由此看来，品牌的社会责任行为不仅受品牌能力的影响，还受消费者对品牌能力和社会责任行为期望、感知的影响。

三、品牌道德己化发展观

中国人的道德观是以对他人负责为主的，以为他人着想为前提的，不同程度的利他行为。首先，人们会以自我为中心，考虑自己和家人的利益，承担相应的责任；其次，人们会将这种逻辑延伸至朋友、同事等熟人的圈子；最后会将这种逻辑延伸至陌生人，甚至是自然界。当人们不断地延伸时，就把家人、朋友、同事、陌生人，甚至是自然界作为自己的一部分，这个过程叫作"己化"，也是道德发展的过程，如图32-1所示。对品牌而言，这个逻辑同样适用。在交易营销时代，品牌只会考虑自己赚不赚钱，不怎么考虑别人的利益；后来到了关系营销的时代，品牌就开始考虑各利益相关主体的利益，并承担相应的责任，如员工、供应商、分销商、消费者等；更进一步是社会营销的时代，品牌除了考虑各利益相关主体之外，还要考虑承担更大更多的社会问题和自然界的问题。交易营销考虑自己，是一，是我，是人，是利己；关系营销考虑利益相关主体，是二，是你，是地，是互利；社会营销考虑社会和自然的问题，是三，是他，是天，是利他。当我们把万物作为自己的一部分时，或许就是古人所说的"天人合一"了吧。

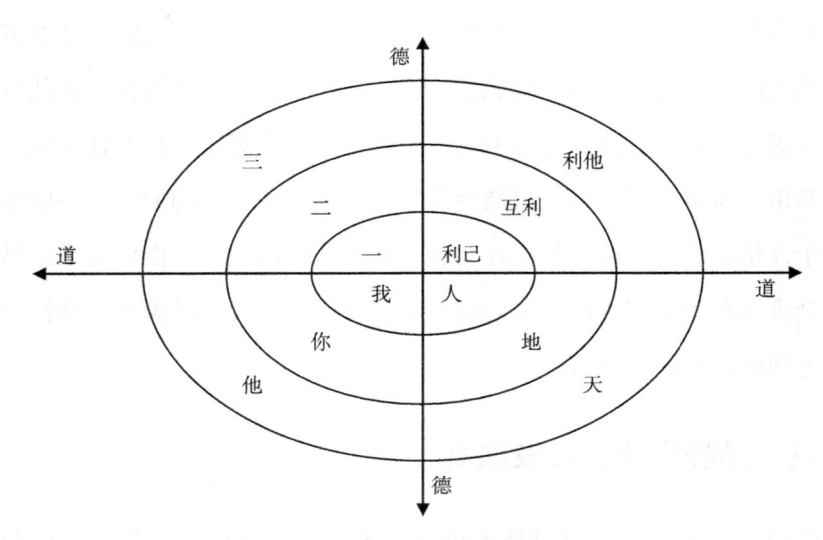

图32-1 品牌道德"己化"发展观

品牌源于道，自私是品牌的本性，逐利是资本的本性，利己是品牌道德行为的出发点，此为品牌道德行为的初级阶段。品牌并非生存于真空，具有社会属性，需要有供应商、购买者及相关主体建立关系，互惠互利，共同成长，将他们作为"自己"的一部分，此为品牌道德行为中级阶段。

第三十二讲 品牌道德己化：天人合一的解读

但当品牌关注自然环境和人类社会的可持续发展时，将人类社会和自然作为"自己"的一部分，达到"天人合一"的境界，此为品牌道德行为高级阶段。品牌道德行为的发展实质上是品牌向上"己化"的过程，品牌每一次道德行为的提升，都意味着其背后企业家思想和价值观的蜕变与升华。品牌道德境界的高低决定了品牌成长和发展的上限，决定了品牌未来会是区域的、民族的还是世界的。

最后，总结一下，企业社会责任包括经济、法律、伦理和慈善四个方面的责任，影响品牌慈善效果的因素有角色规范、群体规范、社会规范，还有相应时间等；文化根源在于财富与道德间的关系，能力与道德间的关系；品牌道德发展阶段包括利己、互利和利他。

第三十三讲

品牌精神：诸葛亮和司马懿谁更厉害

各位读者，大家好，这一讲的主题是品牌精神。为什么要讲品牌精神，因为做品牌不仅要专业，而且还要有思想，更要有精神，只有这样品牌才能走得更远。我们常常把做企业或做品牌称为做生意，说得多了大家就会习以为常，就像苹果掉到地上，很少有人去想为什么。什么是做生意呢？其实生意这个词儿，可以理解为生的是意，这个意又可以包括两个方面：一个是有意思；一个是有意义。品牌是鱼，社会是水，自然是更大的格局。品牌如果破坏了社会和自然的生态，那品牌自身也不会好到哪里去。品牌要做对社会有意义的事，才会越来越好；得道多助，失道寡助。

一、品牌生命和吸引力的组合分类

做品牌和做人都需要把握三力：吸引力（人）、影响力（地）和生命力（天）。如果拿吸引力和生命力进行组合，就会有四种情境，如图33-1所示。第①象限是吸引力小、生命力短；第②象限是吸引力小、生命力长；第③象限是吸引力大、生命力短；第④象限是吸引力大、生命力长。因此，品牌和人据此可以分为四类。品牌要想以有形的载体，比如企业这样一个组织，来讨论做到基业长青，是非常有难度的一件事情。那么，不妨换一种思路，就是做精神，因为精神可以流传得更久远，而且还能庇护品牌的有形载体走得更远一些。

第三十三讲　品牌精神：诸葛亮和司马懿谁更厉害

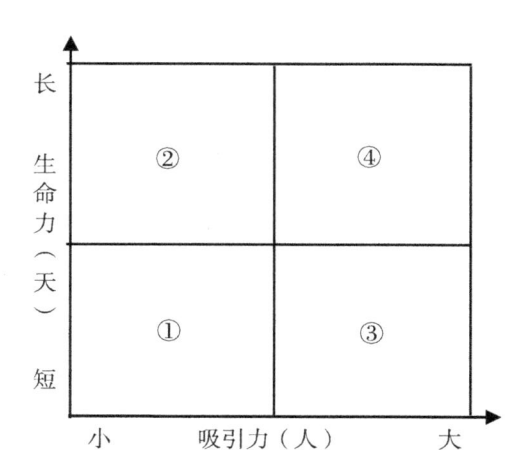

图33-1　品牌生命力和吸引力组合分类

二、诸葛亮和司马懿的比较

诸葛亮和司马懿哪个更厉害一点呢？第一类人凭感觉，会认为诸葛亮胜于司马懿，因为诸葛亮智慧超群，到了"智绝"的地步，用鲁迅先生的话，就是"诸葛亮之多智而近妖"，也就是说，诸葛亮的智慧已经超越了人所能达到的极限，可以与神仙比肩。这一点在《三国演义》的描述中，多处体现了诸葛亮智胜司马懿。例如，第九十五回，诸葛亮设下空城计，弹琴吓退司马懿；第一百零一回，出陇上诸葛妆神，奔剑阁张郃中计，趁机收取陇上小麦；第一百零四回，死诸葛吓走生仲达等。由此可见，司马懿战术上好像不如诸葛亮，事事处于下风，少有胜绩。并且在电视、小说及人们的渲染下，诸葛亮神机妙算、料事如神的形象被不断放大。所以，这么来看诸葛亮好像胜于司马懿。

第二类人靠分析。分析后认为，应该是司马懿胜于诸葛亮。一些专业人士认为，从军事上来看，诸葛亮虽然在战术上胜于司马懿，但司马懿的损失并不大，没有到伤筋动骨的程度；而且在战略上，诸葛亮生前也并

223

未能够夺取汉中，也没有大的胜绩。从年龄上来看，诸葛亮53岁就去世了，而司马懿活到72岁。从职位上来看，诸葛亮官至丞相和相父，而司马懿则杀掉曹爽，扶曹芳上位，官至丞相，之后他的第二个儿子司马昭当了皇帝以后，还追封司马懿为宣王，他的孙子司马炎称帝以后，还追尊司马懿为宣皇帝。从家族后代来看，诸葛亮只有一个妻子，一个儿子，两个孙子；而司马懿，有四个妻子，九个儿子，两个女儿，孙子和孙女加起来有二十六个。从后代的地位来看，诸葛亮的后代官位最高的就是将军或刺史，三代之后，均无记载；而司马懿的孙子司马炎一统天下，成立了大晋朝。所以，从这些来看，司马懿似乎完胜诸葛亮。

那真是这样吗？我想请各位把时间的维度再放长一点，因为刚才两类人的比较是在诸葛亮和司马懿有限的生命范围之内作比较。应该将他们死了以后到现在的情况再做一个对比。首先，从给他们两人立的寺庙来看，后人为诸葛亮所修的武侯祠多如繁星，不胜枚举。规模较大的，百度百科显示有8座，分别是成都武侯祠、宝鸡岐山武侯祠、礼县武侯祠、保山武侯祠、重庆武侯祠、勉县武侯祠、南阳武侯祠、襄阳武侯祠。然而，后人给司马懿立碑建庙的似乎并不多见，有人说是因为司马懿给后代立了三个遗嘱：不坟、不树、不谒。就是下葬之后，地面上不留痕迹，也不需要随葬品，后人也无须拜祭。司马懿为什么立了三不的遗嘱呢？因为他知道家族的权力是怎么来的，更害怕日后有人盗墓掘坟。

再从他们各自的后代来看，诸葛亮的后代主要集聚在建德、兰溪、龙游三市县相邻的50千米范围内的11个村镇中，那里有诸葛亮的后裔8000多人，大多是诸葛亮的第49代和第50代的子孙。浙江兰溪市下面有个诸葛八卦村，是个著名的旅游景点，每年有很多游客去那里参观。大家看诸葛亮已经去世多年，还能庇佑他的后代，确实非常厉害。那么他是靠什么来庇

第三十三讲　品牌精神：诸葛亮和司马懿谁更厉害

佑他的后代呢？毫无疑问，就是我们这一讲要讲的品牌精神，诸葛亮就是品牌，他的精神得以流传才能庇佑子孙，福荫后代。我们再来看司马懿，他的后代因为做了皇帝，后来发生了八王之乱，家族走向衰败和没落。八王之乱发生于西晋时期，它是一场皇族为争夺中央政权而引发的内乱，是皇后贾南风干政弄权而引发的。这次动乱经历了16年，分为两个阶段：第一阶段从元康元年（公元291年）的3月到6月，持续3个月；第二阶段，从元康九年（公元299年）到光熙元年（公元306年），共历时7年。其核心人物有8人，分别为汝南王司马亮、楚王司马玮、赵王司马伦、齐王司马冏、长沙王司马乂、成都王司马颖、河间王司马颙、东海王司马越。当然，参与者还有其他人，主要是以这8个为主。这件事情结束之后，司马懿的后代为避免被迫害，很多人改名换姓，分散隐居，关于他后人的事情早已无据可查。司马懿的后代为何有如此结局呢？请大家思考。

当我们去境内外各大学的图书馆电子资源查找诸葛亮和司马懿的相关文献时，意外地发现另外一个对比的史料。无论是报纸、期刊还是著作，以诸葛亮命名的且已经出版的作品的数量平均每年都是司马懿同类作品的5~6倍。拿读秀数据库来说，以诸葛亮为关键词进行搜索，我们发现，每个学科，每年都有作品出版，而且6个学科大类平均有2000多本书，若用年限来算的话，每年平均有接近600本。而当我们以司马懿为关键词进行搜索时，发现6个学科大类平均只有400多本书，若用年限来算，平均每年只有100多本书。诸葛亮和司马懿谁的吸引力、影响力和生命力更大一些，如图33-2所示。

225

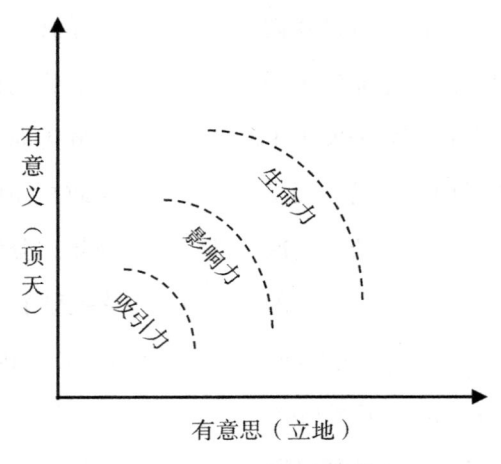

图33-2 顶天立地的品牌三力

三、江南三大名楼的比较

品牌要做精神，因为精神能够超越肉体而存在，我们绝大多数人都把目标局限于生命范围之内，极少有人把目标定在生命范围之外。如何实现生命范围之外的目标呢？就要靠精神。那么，这个精神对品牌而言，究竟该怎么做呢？除了向诸葛亮和司马懿学习之外，我再讲个故事，那就是江南三大名楼的比较。请问大家知不知道江南三大名楼是哪几个？一个是黄鹤楼，始建于三国时代吴黄武二年，公元223年；一个是滕王阁，始建于唐永徽四年，公元653年；一个是岳阳楼，始建于公元220年前后。那请问大家江南有那么多楼，为何这三个楼被称为三大名楼呢？因为它们有文化，当我们提及黄鹤楼时，大家会想起什么诗句呢？孤帆远影碧空尽，唯见长江天际流。当我们提及滕王阁时，大家又会想起什么诗句？落霞与孤鹜齐飞，秋水共长天一色。当我们提及岳阳楼记时，大家又会想起什么诗句呢？先天下之忧而忧，后天下之乐而乐。这些诗有什么区别吗？哪些是

第三十三讲　品牌精神：诸葛亮和司马懿谁更厉害

写景的？哪些是写精神的？显然，黄鹤楼和滕王阁的诗句是写景的，而岳阳楼是写精神的。那么，再往后走，哪个楼会走得更远呢？楼是有形的，文化是无形的，无形的精神附在有形的楼上，共同往前走，这叫有无相生。

最后，总结一下，这一讲我主要讲了品牌精神，举了两个例子，一个是诸葛亮和司马懿两种情况的比较，这两种情况主要指生命范围之内和生命范围之外；三种看法，一类凭感觉，认为诸葛亮胜于司马懿；一类靠分析，认为司马懿胜于诸葛亮；最后一个是生命范围之外的比较。第二个例子是江南三大名楼的比较，凸显文化和精神的生命力。希望对品牌精神有所启发。

参考文献

[1] 陈洁光，黄月圆. 中国的品牌命名——十类中国产品品牌名称的语言学分析［J］.南开管理评论，2003（2）.

[2] 费孝通.乡土中国［M］.上海：生活·读书·新知三联书店，2013.

[3] 高辉，郝佳，周懿瑾，等."洋名"好，还是"土名"好？——中国仿洋和仿古品牌命名研究［J］.商业经济与管理，2010，228（10）.

[4] 黄静，王新刚，等.企业家社会责任道德发展观：基于本土文化的解读［J］.统计与决策，2011（21）.

[5] 黄胜兵，卢泰宏.品牌个性维度的本土化研究［J］.南开管理评论，2003（1）.

[6] 李飞，李翔.世界最有价值品牌中文名称命名分析［J］.中国工业经济，2004（12）.

[7] 宁昌会，李祖兰，王新刚.品牌命名文献回顾及未来研究方向［J］.软科学，2012（9）.

[8] 王新刚.场景选择与设计：内外兼修方得正果［J］.清华管理评论，2021（6）.

[9] 王新刚.大历史观下如何看待颠覆式创新［J］.清华管理评论，2020（7/8）.

［10］王新刚，龚宇，聂燕.假洋品牌概念界定及其存在影响因素的扎根研究［J］.南开管理评论，2019（6）.

［11］王新刚，唐兴华，胡瑞芳，等.世界最有价值品牌英文名称研究与分析［J］.中南财经政法大学研究生学报，2014（5）.

［12］王新刚，唐兴华.老字号品牌标识特征研究与分析——以商务部首批老字号品牌为例［J］.科技经济市场，2014（4）.

［13］王新刚，张琴.品牌摆架子行为对消费者购买意愿的影响［J］.经济管理，2018（6）.

［14］王新刚，周玲，周南.品牌丑闻跨国非对称溢出效应研究——国家形象构成要素视角［J］.经济管理，2017（4）.

［15］王新刚，聂燕，周南.品牌调侃概念界定及其特征的探索性研究［J］.北京工商大学学报（社科版），2020（1）.

［16］王新刚.品牌管理［M］.北京：机械工业出版社，2023.

［17］吴水龙，卢泰宏，苏雯."老字号"品牌命名研究——基于商务部首批老字号名单的分析［J］.管理学报，2010（12）.

［18］周南.要钱还是要命：《道德经》的启示［M］.北京：北京大学出版社，2012.

［19］AAKER, JENNIFER L. Dimensions of Brand Personality［J］.Journal of Marketing Research，1997（3）.

［20］CARROL A B.The Pyramid of Corporate Social Responsibility: Toward the Moral Management of Organizational Stakeholders［J］.Business Horizons，1991，34（4）：39-48.

［21］HAGTVEDT H. The Impact of Incomplete Typeface Logos on Perceptions of the Firm［J］. Journal of Marketing，2011（4）.

［22］HAN Y J, NUNES J C, et al.Signaling Status with Luxury Goods: The

Role of Brand Prominence [J]. Journal of Marketing, 2010(4).

[23] LEI J, DAWAR N, et al. Negative Spillover in Brand Portfolios: Exploring the Antecedents of Asymmetric Effects [J]. Journal of Marketing, 2008, 72(3):111-123.

[24] LOWREY T M, SHRUM L J. Phonetic Symbolism and Brand Name Preference [J]. Journal of Consumer Research, 2007(3).

[25] MELNYK, VALENTYNA, KLEIN, et al.The Double-Edged Sword of Foreign Brand Names for Companies from Emerging Countries [J]. Journal of Marketing, 2012(6).

[26] FOURNIER S. Consumers and Their Brands: Developing Relationship Theory in Consumer Research [J]. Journal of Consumer Research, 1998(4).

[27] YORKSTON E, MENON G. A Sound Idea: Phonetic Effects of Brand Names on Consumer Judgments [J]. Journal of Consumer Research, 2004(1).